Dagmar Beckmann & Christoph Potting

Glücksorte in der Bretagne

Fahr hin und werd glücklich

Droste Verlag

Dieses Buch gehört

Liebe Glücksuchende,

wer in Frankreich von sich sagt, dass er Glück gehabt hat, *a eu de la chance,* hat eine Chance genutzt. *Le bonheur,* das oft ganz unerwartete Glücksgefühl, ist viel mehr als das. Es ist am intensivsten, wenn wir nicht nur sehen, sondern zugleich auch hören, fühlen, riechen und schmecken. Und verstehen. Mit allen fünf Sinnen unterwegs sein, ergibt sich in der Bretagne fast immer wie von selbst. Land und Meer, auf Bretonisch *argoat* und *armor,* sind sich hier ganz fern und zugleich so nah. Da ist einerseits die Erde mit ihrer Schwere, mit Feldern und Mooren, Bauernhöfen und mit Hecken, hinter die sich Granithäuser vor dem Wind ducken. Und da sind die Küsten mit ihrer atlantischen Weite, dem Geschmack von Salz und Jod, dem Geruch von Algen und Fischen, dem Wechsel von Ebbe und Flut, die Möwen, das Licht. Zahlreich und vielfältig sind die Orte, die unterwegs einen Moment lang zum Innehalten einladen, weil sie etwas in uns berühren und neugierig machen. Wir stellen 80 vor, an denen es uns so ergangen ist.

Ihre Dagmar Beckmann & Ihr Christoph Potting

PS: Zu den meisten Glücksorten in der Bretagne gibt es leider keine ÖPNV-Verbindung. Deshalb wurde auf eine entsprechende Angabe verzichtet.

Deine Glücksorte ...

... noch mehr Glück für dich

Das gibt Auftrieb

1 *Aquajogging am Strand von Le Croisic*

Es ist ein früher Maimorgen an der Plage Saint-Goustan, dem Strand von Le Croisic im tiefen Süden der Bretagne. Die noch sehr kühlen Atlantikfluten rollen in sanften Wellen heran, der Himmel ist bewölkt – nicht gerade ein Tag, der zum Schwimmen einlädt. Vielleicht ein Dutzend Menschen, vor allem Frauen, lassen sich jedoch von der Kälte nicht abschrecken. Mit rudernden Armbewegungen sind sie im Gänsemarsch zum Wasser unterwegs. Das mag auf den ersten Blick überraschen, ist aber an den bretonischen Stränden kein ganz ungewöhnlicher Anblick. Diese sogenannten Aquajogger gehen in Neoprenanzügen und mit Gewichtsgürteln beschwert einem Frühsport nach, der immer populärer wird. Sogar in Clubs haben sie sich zusammengeschlossen und tragen regelmäßig die französischen Meisterschaften aus. Sportmediziner, Orthopäden und Kardiologen empfehlen die körperliche und mentale Bewegungsart, weil sie die Fitness fördert. Internationale Spitzensportler bauen sie heutzutage in ihr Trainingsprogramm ein. Aquajogging hat jedoch längst die Olympiastützpunkte und die temperierten Pools von Rehakliniken verlassen und wird in der Bretagne zum Breitensport. Immer mehr Menschen verabreden sich zur *marche aquatique*, die dem herkömmlichen Strandlauf in vielfacher Hinsicht überlegen sein soll. Jede Bewegung wird durch den Widerstand des Wassers gebremst und Muskeln und Sehnen reagieren auf das durchaus anstrengende Bad im kühlen Wasser sehr positiv. Es fördert außerdem die Durchblutung, regt Stoffwechsel und Kreislauf an sowie Ausdauer, Kraft, Beweglichkeit und Koordination. Und ein Genuss ist es noch dazu. Aktivitäten im Meerwasser sind eigentlich keine ganz neue Erfindung. Schon der französische Arzt Louis-Eugène Bagot setzte auf das an Sauerstoff, Magnesium, Kalzium und Sulfur reiche Meerwasser, als er im Jahre 1899 in Roscoff das erste Thalasso-Institut gründete. Seine Meerwasseranwendungen sind bis heute ein bretonischer Exportschlager. Dem Aquajogging könnte ein ähnlicher Erfolg beschieden sein.

TIPP Die bemerkenswerte Vielfalt der Meeresfauna und -flora im Océarium von Le Croisic ist faszinierend.

Aquajogging, Plage Saint-Goustan, F-44490 Le Croisic

Quand même – trotz allem

2 *Museum Sarah Bernhardt auf der Belle-Île*

Man nannte sie die Göttliche. Mit ihrer Stimme, der Grazie ihrer Bewegungen und ihrem Temperament machte Sarah Bernhardt über Frankreichs Grenzen hinaus Furore. Und überzeugte auf der Bühne mit ihrer Begabung für gefühlsbetonte Darstellung. Heute würden sich die Medien um Interviews und Homestories mit dieser 1844 in Paris geborenen Schauspielerin reißen. Denn für einen Kultstar brachte sie alles mit. Exzentrisch und selbstverliebt führte sie ein ausschweifendes Liebesleben, kam nach persönlichen und professionellen Krisen immer wieder auf die Füße, fühlte sich ihrer Familie verbunden und wusste sich zugleich in vertrauter Gesellschaft mit Persönlichkeiten wie Claude Monet oder Marcel Proust. Bei einem Ausflug auf die Belle-Île entdeckte Sarah Bernhardt im Jahre 1894 und im Alter von 50 Jahren ein Schild: *Fort zu verkaufen – bitte beim Leuchtturmwärter melden.* Die Lage an der nordwestlichen Spitze der größten Insel der Bretagne schlug sie unmittelbar in Bann und nur wenige Stunden später unterschrieb sie den Kaufvertrag. Die Wellen des Atlantiks rennen hier Tag und Nacht gegen die Küste an und den Stürmen geht nur selten die Puste aus. 30 Jahre lang verbrachte die Künstlerin jeden Sommer in ihrem Haus an der Pointe des Poulains. Als sichtbares Zeichen ihrer Anwesenheit hisste sie stets eine weiße Flagge. Sie trug die Inschrift: *Quand même* – trotzdem. Sarah Bernhardt machte aus dem Festungshaus ein ausgefallenes Anwesen, in dem sie ihre Familienmitglieder und Künstlerfreunde, aber auch ihre zehn Hunde, den Papagei, ein Krokodil und eine Boa standesgemäß unterbrachte. Ihr Sommerdomizil ist heute ein Museum, in dem das facettenreiche Wirken dieser Ausnahmekünstlerin lebendig ist. Besucher erleben es noch heute so, wie sie es in ihren Memoiren beschreibt: *An der windigsten Stelle entdeckte ich eine Festung, einen Ort, der besonders unzugänglich, unbewohnbar und unbequem war und mich folglich erfreute.*

TIPP Von der Terrasse des Hôtel du Phare in Sauzon sind die Ausblicke auf die Hafenbucht großartig.

Espace Muséographique Sarah Bernhardt, Pointe des Poulains, F-56360 Sauzon, Tel. +33 2 97 31 61 29

Land schafft Kunst

3 *Domaine de Kerguéhennec in Bignan*

Ist hier im Schlosspark gerade ein Ufo gelandet? Auf dem Anhänger eines Traktors, der einem unbekannten Flugobjekt ähnelt, laden Sitzbänke in einem hölzernen, überdachten Rondell zum Verweilen ein. In dieser mobilen Beobachtungskapsel haben die Besucher immer wieder neue Perspektiven auf eine 175 Hektar weite Parklandschaft: Auf den wie mit einem Lineal gezogenen französischen Garten, den vergleichsweise wilden englischen Landschaftspark oder auf das Aboretum mit Riesenmammut- und Amberbäumen sowie vielen asiatischen Nadelbaumarten. Die Domaine de Kerguéhennec in Bignan ist einer der größten Parks für zeitgenössische Skulpturen in Frankreich. Dominiert von einem im 18. Jahrhundert erbauten Schloss sind hier bisher 34 Installationen und Kunstobjekte mal harmonisch, mal kontrastreich in die Landschaft gebettet. Das prachtvolle neugotische, von Renaissance und Barock inspirierte Gebäude ist eine attraktive Kulisse für die bizarren Formen und oft starken Farben, mit denen die Kunstwerke Akzente setzen. Die Verbindung von historischem Ambiente und moderner Kunst ist wundervoll gelungen. Die Domaine de Kerguéhennec gehörte zwei wohlhabenden Schweizer Bankiers, bevor sie im Jahre 1972 in den Besitz des Départements Morbihan überging und sich daraus das mittlerweile weltweit bedeutende *Centre d'art contemporain* entwickelte. Jahr um Jahr stehen hier neue Werke in der Landschaft, weil ein *Artist-in-residence*-Programm immer wieder anderen Künstlern die Gelegenheit bietet, das Verhältnis von Kunst und Natur überraschend zu interpretieren. Ein Fluss in seinem natürlichen Bett und ein großer Teich schaffen zusätzliche Resonanzräume in diesem majestätischen Anwesen. Park und Schloss sind auch eine Einladung an Wanderer, die gewundenen Alleen und verwunschenen Wege durch Wald und Lichtungen zu entdecken. Man kann, aber muss kein Liebhaber moderner Kunst sein, um im Schloss und Park von Kerguéhennec auf seine Kosten zu kommen.

TIPP
Das Musée de la Carte Postale in Baud erzählt die Kulturgeschichte der Postkarte.

Domaine de Kerguéhennec, F-56500 Bignan, www.kerguehennec.fr

Alle auf Backbord

4 *Flusssegeln in La Roche-Bernard*

Vilain bedeutet auf Deutsch übel, garstig und gemein. Der Fluss, der dieses Adjektiv im Namen führt, setzte zwar früher den Menschen an dieser wichtigen Wasserader tatsächlich mit häufigem Hochwasser erheblich zu, aber der Name Vilaine geht nicht auf diese Eigenschaft, sondern auf das Keltische zurück. *Avel* bedeutet dort so viel wie die Spitze des Windes. Von diesem profitierten hier einst die Lastensegler der Handelsschifffahrt und ließen Umschlagplätze wie La Roche-Bernard entstehen. Heute ist die Vilaine von Rennes bis kurz vor ihrer Mündung in den Atlantik auf 139 Kilometern schiffbar und gilt unter Freizeitkapitänen als einer der schönsten Flüsse Frankreichs. Sie fließt und mäandriert durch von Landwirtschaft geprägte Landschaften, sumpfige Ebenen und bewaldete Klippen. Entlang ihrer Ufer laden Schlösser und historische Hafenanlagen, Herrenhäuser und Mühlen zu Pausen und Entdeckungen ein. Dass die Skipper heutzutage gelassen die Vilaine entlangschippern können, verdanken sie keinem Geringeren als Leonardo da Vinci. Er ersann im 16. Jahrhundert die technische Möglichkeit, ungestümes Wasser durch Schleusen zu kontrollieren. Dank seiner Erfindung wurde die Vilaine zwischen 1571 und 1585 zum ersten kanalisierten Fluss Frankreichs. Allerdings war damit die Herausforderung durch die Gezeiten noch nicht gelöst. Auf der Flutwelle konnten zwar die Lastkähne flussaufwärts reiten, aber sie führte auch immer wieder zu verheerenden Winterüberschwemmungen. Erst mit dem 1962 begonnenen Bau des Arzal-Staudamms gelang es wirklich, den Fluss zu bändigen. Und nur dank dieses Damms wird aus der Vilaine ein Eldorado für Kapitäne von modernen wie historischen Segel- und Motorbooten. Denen kommt die Berufsschifffahrt so gut wie nicht mehr in die Quere, weil sich der Güterverkehr längst auf die Schiene oder Straße verlagert hat. So kann man ganz unbesorgt vom charakteristischen Hafenstädtchen La Roche-Bernard aus zu einer Segeltour auf der Vilaine aufbrechen.

TIPP Auf der Terrasse der Brasserie Sarah B. ist man dem Treiben im historischen Hafen sehr nah.

Flussegeln auf der Vilaine, F-56130 La Roche-Bernard, www.port-la-roche-bernard.com

Captain's Island

5 *Île d'Arz im Golfe du Morbihan*

Es heißt, der Golfe du Morbihan habe so viele Inseln wie das Jahr Tage hat. Die zweitgrößte von ihnen ist die 2,5 Kilometer lange und 2 Kilometer breite Île d'Arz. Einst waren die Männer der Insel als Kapitäne und Matrosen auf den Weltmeeren unterwegs, im Pazifik und im Chinesischen Meer zu Hause. Von dem geschützten Eiland aus hatten sie es nicht weit zum offenen Atlantik, denn kein Ort ist mehr als 400 Meter von ihm entfernt. Der Wechsel von Ebbe und Flut im *mor bihan,* dem kleinen Meer, hat hier wie überall in der Inselwelt des Golfs ökologisch besonders vielfältige Landschaften entstehen lassen. Seevögel und Wasserhühner tummeln sich auf Wattflächen und salzigen Wiesen. Hinter niedrigen Steinmauern suchen Ulmen, Eichen und Nadelbäume Deckung, neben Teichen und auf feuchten Landstreifen entfalten silbrig schillernde Heckenpflanzen und Meereslavendel eine farbenfrohe Flora. Auf längere Strände und Badebuchten folgen weit in den Golf hineinragende felsige Landfinger mit überraschenden, durch Dünung und Gischt geschliffenen Steinformationen. Wanderer und Spaziergänger erleben diese Vielfalt auf dem 15 Kilometer langen Weg rund um die Insel, auf dem sie auch auf ehemalige Kapitänshäuser und eine alte, noch funktionsfähige Gezeitenmühle aus dem 13. Jahrhundert treffen. Es handelt sich um die Mühle von Berno, die von freiwilligen Helfern restauriert wurde. Diesen Reichtum von Natur und Kultur muss man allerdings vor allem in den Sommermonaten mit vielen Besuchern teilen, wenn täglich bis zu 3000 Gäste die dauerhaft nur von 260 Menschen bewohnte Insel im Golfe du Morbihan aufsuchen. Und was ist im Winter, wo doch die traditionellen Arbeitsfelder der industriellen Verarbeitung von Seegras, der Fischerei, sowie der Algennutzung längst Vergangenheit sind? Die Insel der Zweitwohnungen, wie sie die Verantwortlichen im Inselrathaus nennen, ist der Traum von einer Insel, aber sie ist auch auf der Suche nach ihrer Zukunft.

TIPP Das Schloss Suscinio liegt ganz nah bei den Stränden von Sarzeau zwischen Dünen und Moor.

Île d'Arz, www.ile-arz.fr (Überfahrt von Vannes oder Séné aus mit den Bateaux bus du Golfe)

Ökologischer Rasenmäher

6 *Ouessant-Schaf auf der Île d'Ouessant*

Der Selektionsdruck ist enorm. Die rauen und stürmischen Winter auf der exponierten Insel wollen erst einmal überstanden sein. Die Unvorsichtigen reißt der Ozean mit sich oder der Orkan bläst sie von den Klippen. Zeitweise ernähren sie sich von Seetang, weil die viel zu kleinen Weideflächen nicht genug hergeben. Es fordert den Tieren also einiges ab, unter diesen widrigen Umständen durchzukommen. Diese Lebensbedingungen sind es, die sie zur kleinsten Schafsrasse der Welt machen. Die Rede ist vom Ouessant-Schaf oder Bretonischem Zwergschaf. Schon um 500 vor Christus soll es Ausgrabungen von Archäologen zufolge auf der kargen, baumlosen und sturmgepeitschten Atlantikinsel gelebt haben. Die Tiere können sich hier in der Regel zwei Drittel des Jahres frei bewegen und brauchen das ganze Jahr über keinen Stall, weil es auf Ouessant keine Raubtiere gibt. Im Verhältnis zu ihrer Körpergröße liefern sie große Wollmengen. Dennoch verloren die mehr am Fleischertrag interessierten Landwirte zu Beginn des 20. Jahrhunderts das Interesse an dem Inselschaf. Dank der ersten Fährverbindungen starb es trotzdem nicht aus. Bei Inselbesuchen wurden nämlich Adelige auf die Tiere aufmerksam, die sie als Gärtner für ihre großen Schlossparks auf dem Festland einsetzten. Dass das Ouessant-Schaf anspruchslos und vergleichsweise leichtgewichtig ist, prädestiniert es auch als Rasenmäher und Mäusejäger im ökologischen Weinbau. Mittlerweile testet die französische Eisenbahn sogar den Einsatz der Schafe auf den steilen Banketten von Bahngleisen in Paris. Und in Rennes halten sie den Rasen von Pausenhöfen in Gymnasien kurz. Seit dem Jahr 1976 gibt es auch einen Zusammenschluss der Züchter, das *Groupement des Éleveurs de Moutons d'Ouessant* (G.E.M.O.), der sich um den Fortbestand der Rasse kümmert. Das Ouessant-Schaf macht nicht nur als Fotomotiv, sondern auch in der ökologischen Grünlandpflege eine steile Karriere.

TIPP Von der Terrasse des Hotels Le Roc'h Ar Mor in Bourg ist die wilde Westküste besonders eindrucksvoll.

Île d'Ouessant, www.ot-ouessant.fr (Überfahrt von Le Conquet, Brest und Camaret aus)

In Samt und Seide

7 *Der Schmetterlingsgarten in Vannes*

Schmetterlinge faszinieren. Mit ihren Farbmustern, Ornamenten und vielfältigen Strukturen schweben die zarten und leichten Wesen geräuschlos durch die Lüfte. Sie brummen und stechen nicht wie andere Insekten. Und ihre Entwicklung vom Ei zum flugfähigen Lebewesen ist zu einer Metapher für Entwicklung überhaupt geworden: die Metamorphose. Ei – Raupe – Puppe – Imago: Jede dieser Phasen hat ihre eigenen Gesetze, Rhythmen oder Besonderheiten, die sich im 500 Quadratmeter großen Gewächshaus des Schmetterlingsgartens von Vannes hautnah erleben lassen. Die 40 tropischen Arten haben hier schon eine lange Reise hinter sich, stammen von den Philippinen und aus Malaysia, aus Costa Rica, Mexiko, Neuseeland, Afrika und Indien. In Styroporboxen und Baumwolle verpackt landen jede Woche bis zu 400 Puppen in der Kindertagesstätte des Gartens, wo die Besucher dann Zeugen der bewegenden Entwicklung von der Puppe bis zum flugtauglichen Schmetterling werden. Im *Jardin aux Papillons* fliegen sie umgeben von der sanften Schwüle des Tropenklimas zwischen Bananenstauden und Blütenständen, Farnen und Palmen umher. Ihre Flügel sind mit Millionen von Schuppen besetzt, die nicht nur schön gemustert sind, sondern im gebrochenen Sonnenlicht bunt schillern. Mal sind sie ihrer Umgebung zum Verwechseln ähnlich und es dauert seine Zeit, bis man im grünen Dschungel einen Blattschmetterling überhaupt als solchen erkennt. Mal sitzen sie farbenfroh auf einer Knospe und suchen mit ihren langen Rüsseln nach Nektar. Wer am Tag seines Besuchs bunte oder fluoreszierende Kleidung trägt, kann einen berührenden Moment erleben. Weil einige Tiere dann Pullover oder Jacke mit einer blühenden Pflanze verwechseln, schweben sie sanft und geräuschlos heran und verweilen auf Arm oder Schulter. Übrigens: Schmetterlinge sind eher bei hellem Licht aktiv. Deshalb macht es ganz besonderen Spaß, den *Jardin aux Papillons* an einem sonnigen Tag zwischen 10 und 17 Uhr zu besuchen.

TIPP Für Flaneure hat die schöne Altstadt von Vannes viel Abwechslungsreiches zu bieten.

Jardin aux Papillons, 15 Rue Daniel Gilard, Le Parc du Golfe, F-56000 Vannes, Tel. +33 2 97 40 67 40

Karibik in der Südbretagne

8 *Îles Glénan*

Sind das die Bahamas? Die weißen Sandstrände und das azurblaue, glasklare Meer lassen jedenfalls nicht vermuten, dass die Glénan-Inseln mitten im Atlantik etwa 20 Kilometer vor Concarneau liegen. Sieben Inseln zählt der unter Naturschutz stehende Archipel, wobei über die Anzahl der sichtbaren Eilande, Inselchen und Felsformationen letztlich jeden Tag Ebbe und Flut entscheiden. Um die Hauptinsel Saint-Nicolas führt ein Fußweg, der wunderschöne Ausblicke auf die übrigen Eilande bietet. Weithin berühmt ist der Archipel für sein Segelzentrum, dem bedeutendsten und erfolgreichsten in Europa. Seit 70 Jahren haben hier schon Hunderttausende Segler, darunter die Champions der französischen Segelelite, ihren letzten Schliff bekommen. Was auch mit den gelebten Werten der Gründer der Segelschule, Hélène und Philippe Viannay, zu tun hat. Verantwortung im Kollektiv, Selbstständigkeit und Solidarität werden hier großgeschrieben. Der Zweite Weltkrieg war gerade zu Ende und das Ehepaar hatte sein Engagement im französischen Widerstand überlebt, als es bei einem Segeltörn eher zufällig die Inselgruppe im Atlantik passierte, die sie verzauberte. Könnte hier nicht der Platz für ein Rehabilitationszentrum sein, in dem traumatisierte Heranwachsende ihre Erfahrungen im Krieg und in der Résistance verarbeiten? Im Jahr 1947 gründeten die Viannays die Segelschule Les Glénans, die sie eigentlich als eine Schule für das Leben verstanden. Mit ihren Erfolgen ist sie längst zu einem weltweiten Mythos geworden. So sehen das die Segler und die Taucher der mittlerweile hier ebenfalls ansässigen internationalen Tauchschule gleichermaßen. Begeistert von der Atmosphäre des Archipels sind stets auch die Gäste des Gîte des Glénan. Die einzige und winzige Herberge auf der Hauptinsel Saint-Nicolas bietet lediglich 30 Personen in Gruppenschlafräumen Platz. Essen und Trinkwasser muss man selbst mitbringen und die Toilette ist ein Plumpsklo hinter dem Haus. Was soll's. Glénan ist *magic.*

TIPP

Hummer und Krabben schmecken im Inselrestaurant Les Viviers des Glénan Chez Castric besonders gut.

Îles Glénan, www.vedettes-odet.com (von April bis September Boote ab Bénodet, Concarneau, Loctudy, Port-la-Forêt und Beg-Meil)

Verwunschenes Chaos

9 *La Vallée du Traouïero in Perros-Guirec*

Wohnen hier Zwerge, Feen und Drachen in den Höhlen und Felsspalten? Geheimnisvoll und verwunschen ist das an der Côte de Granit Rose bei Ploumanac'h gelegene Tal zweifellos. Die beliebte rosa Granitküste mit ihren langen Sandstränden und betriebsamer Sommerfrische scheint hier ganz weit entfernt zu sein. Im Vallée du Traouïero – das vokalreiche bretonische Wort bezeichnet die Täler – finden sich Wasserläufe, Teiche, kleine Seen und üppiges Grün zu einem sagenhaften Ensemble zusammen, Märchen, uralte Legenden und Fabeln werden hier lebendig. Mitten durch das Tal läuft der Bach Kérougant und hat sich tief in den rosa Granit eingegraben, der sich hier zu majestätischen Formationen türmt, stapelt und schachtelt. Die monströsen Blöcke haben ihren Ursprung vor Jahrmillionen und sind von Farnen und Moosen überwuchert. Geschliffene Rundlinge stauen das Bachwasser zu kleinen und großen Becken auf, an den Hängen bilden die Kolosse aus Granit bedrohlich wirkende Überhänge und Höhlen. In das dichte Unterholz von Kastanien und Eschen, Erlen und Haselnussbäumen fällt schummeriges Sonnenlicht und schafft ein schattiges, feuchtwarmes Mikroklima für exotische Pflanzen. Efeu schlängelt sich an abgestorbenen Baumstümpfen empor, Schwertlilien leuchten in sumpfigen Lichtungen und das Tropfen und Rinnen kleiner Wasserfälle sorgt für einen geheimnisvollen Sound. Noch im 19. Jahrhundert nutzten die Menschen das Holz aus diesem Tal als Brennmaterial und ließen ihr Vieh auf den Wiesen weiden. Aber seitdem sie der Natur wieder ihre Ruhe lassen, hat sich im Chaos der Granitsteine erneut eine üppige, exotische Vegetation entwickelt. Wander- und Reitwege machen sie zugänglich, ohne ihr den ursprünglichen Charakter zu nehmen. Auf einer kleinen Wiese erinnern Steinsäulen und Ruinen einer Wassermühle daran, dass die Region auch vom Granitabbau lebt. Das Tal des Traouïero ist lediglich 4 Kilometer lang und 300 Meter breit – ein Ur- und Zauberwald.

TIPP Der Blick auf die restaurierte Gezeitenmühle am Hafenbecken von Ploumanac'h lohnt sich.

Vallée du Traouïero, F-22700 Perros-Guirec (beim Ortsteil Ploumanac'h)

Auf Teufel komm raus

10 *Das Haus von Saint-Cado auf Nichtarguér*

Ständig hält es als Hintergrund für Selfies her. Auf Wandkalendern und in Fotobüchern darf es nicht fehlen und nicht wenige malende Bewunderer stellen ihre Staffeleien ans Ufer, um es auf die Leinwand zu bannen. Das kleine Haus auf der winzigen Insel Nichtarguér ist ein Sehnsuchtsort und längst schon ein beliebtes Postkartenmotiv. Es liegt auf einer der zahlreichen Inseln im Ria d'Étel, dem Fjord von Étel, der berühmt ist für seine Austern, da sich seine Mischung aus Süß- und Salzwasser hervorragend für deren Zucht eignet. So war es auch ein Austernzüchter, der das Haus mit den blauen Fensterläden im Jahre 1890 auf Nichtarguér in unmittelbarer Nähe zu Saint-Cado auf dem Festland hat errichten lassen. Wie an so vielen Orten in der Bretagne verbindet sich mit diesem Weiler eine Legende. Hier soll es im 6. Jahrhundert mit dem Teufel zugegangen sein. Als sich der walisische Heilige Saint-Cado nämlich damals auf dem Inselchen niederließ, gab es noch keine Brücke, die es mit dem Festland verband. Weil es dem Heiligen an Kraft und Baumaterial mangelte, ging er einen Pakt mit dem Teufel ein. Der stellte über Nacht die lebenswichtige Verbindung fertig. Doch das Teufelswerk hatte seinen Preis: Die Seele des ersten Brückenpassanten sollte Luzifer gehören. Aber Saint-Cado griff zu einer List: Als er die Brücke in Augenschein nahm, trieb er eine Katze hinüber in die Arme des Teufels und segnete zugleich das Bauwerk. Dagegen war der Teufel machtlos und zog von dannen. Jahrhunderte später rettete ein weiteres Wunder die Brücke, allerdings ganz ohne teuflische Unterstützung. Als ihr im Jahr 2007 Wind und Fluten so zusetzten, dass sie baufällig wurde, konnte die Gemeinde die Sanierungskosten nicht aufbringen. Rettung kam von den Croquants de Saint-Cado. Mit diesem Backwerk starteten die lokalen Vereine eine Fundraisingaktion und trieben so die erforderlichen Mittel auf. Bei starken Stürmen heißt es heute noch immer: Luzifers Atem passiert die Brücke und erinnert an seinen ewigen Zorn.

TIPP

Die Austern im Restaurant Les Algues Marines kommen frisch aus dem Ria d'Étel.

Nichtarguér, Saint-Cado, F-56550 Belz

Das ist dein Bier

11 *Brauerei Lancelot in Le Roc-Saint-André*

Sie waren Banker und Marathonläufer und brachen Anfang der 1980er-Jahre zu einem Rennen nach Wales auf. Nach dem Lauf ging es in die Kneipe, wo das erste frisch gezapfte walisische Bier ihr Leben veränderte. Zurück in der Bretagne gründeten nämlich Christian Blanchard und Jean François Malgorn in Morlaix die Brauerei Deux Rivières. Bernsteinfarben, hochmalzig, ungefiltert und nicht pasteurisiert: Ihr erstes Bier La Coreff hat mittlerweile Kultstatus – 2 Millionen Liter davon gehen jährlich über die Tresen und Supermarktkassen. Ein paar Jahre später tat es Bernard Lancelot den beiden Gründern nach. Der Kerntechniker hatte seine Arbeit in einem Atomkraftwerk satt. Er startete mit einem Honigbier namens Cervoise, das er mit sieben Pflanzen aromatisierte. Der Umsatz reichte für die Gründung der Brauerei Lancelot. Inzwischen haben die Brauereien andere Besitzer, aber die Originalität und Qualität der Biere sind geblieben und so räumen sie längst Preise um Preise bei den World Beer Awards ab. Es war der Beginn des goldenen Zeitalters der Mikrobrauereien in der Bretagne: Über hundert von ihnen gibt es heute dort. Und ihre Biere sind nicht minder vielfältig: mal golden, braun, rot oder schwarz, mal mit Weizen, Hirse, Reis oder Algen vergoren. Einige Brauer experimentieren auch mit Hopfen, Kräutern und Gewürzen, andere konzentrieren sich auf die Vielfalt von Hefen. Die Brauereien Lancelot und Britt investieren gemeinsam in eine Mälzerei für bretonische Gerste. *De la terre à la bière*: Landwirte tun sich in einem Verband für die Produzenten von Braugerste zusammen, und auch die ersten Hopfenproduzenten fahren schon ihre Ernte ein. Die Kleinproduzenten sind längst der Start-up-Phase entwachsen und Treiber in einer Wachstumsbranche. Schon hat die Landwirtschaftskammer der Côtes d'Armor die ersten bretonischen Bierwettbewerbe initiiert. Während eines Brauereibesuchs bei Lancelot lässt sich kosten, wie gut das bretonische Bier schmecken kann.

TIPP **Kuriose Figuren an den Fachwerkhäusern in Malestroit erinnern an Schwankgedichte des Mittelalters.**

Brasserie Lancelot, La Mine d'Or, F-56460 Val d'Oust, www.brasserie-lancelot.bzh

Heißes Eisen

12 *Das ehemalige Hüttenwerk in Sainte-Brigitte*

Das Ruhrgebiet en miniature liegt in einem bretonischen Wald. Das gepflegte dörfliche Ensemble an den Ufern von gleich vier kleinen Seen ist eingebettet in großzügige Gartenanlagen. Ausgerechnet hier liegt ein ehemaliges Hüttenwerk und heute unter Denkmalschutz stehendes Industriedenkmal aus dem 18. und 19. Jahrhundert. Arbeit und Alltag der Menschen, die hier einst lebten, folgten dem industriellen Takt. Die vor der Tür liegenden Ressourcen, Holzkohle aus den riesigen Wäldern, Wasserläufe als Energielieferanten und Erze unter der Bodenkrume, brachten seinerzeit die Herzöge von Rohan auf die Idee, hier die größte Schmiede der Bretagne einzurichten. Hochöfen lieferten dazu die Hitze, Wasserräder gaben riesigen Blasebälgen die Puste und nomadisierende Köhler wandelten Wald in die benötigte Holzkohle um. Dann nahmen Teller, Töpfe und Pflugscharen, später aber auch Nägel, Rollen, Wagenräder, Eisenbahnschienen und Kanonenkugeln ihren Weg über den Kanal von Nantes auf die Märkte in Brest. In den 1850er-Jahren, der Blütezeit der *Forges des Salles*, wurden dort jährlich 500 Tonnen Stahl produziert und 110 Menschen lebten im Dorf auf 3,5 Hektar zusammen. Die Arbeitsverhältnisse in der Eisenhütte waren hart, hatten aber auch eine soziale Seite: Die Arbeiterfamilien lebten in kleinen Reihenhäusern mit Garten und profitierten von kostenloser Unterbringung und Heizung. Dorfschule und Krankenstation, Postämter, Kantine und Lebensmitteladen – alles war vorhanden und für die Bewohner günstig bis kostenfrei zu haben. Am 1. Juli 1877 hatte das Schmieden in den *Forges des Salles* ein Ende. Aber die Gebäude und der Garten können seit den 1990er-Jahren besichtigt werden. Das ehemalige Stahldorf mit dem Herrenhaus des Schmiedemeisters, dem Hochofen aus dem Jahr 1816, den Unterkünften aus dem 19. Jahrhundert und den terrassierten Gartenanlagen ist so gut erhalten, als hätten die Arbeiter erst gestern in der Forêt des Quénécan das Feuer ausgemacht.

TIPP Die benachbarte Klosterruine Bon Repos mit Café und Restaurant ist ein schöner Ort zum Rasten.

Forges des Salles, Forêt de Quénécan, F-22570 Perret oder F-56480 Sainte-Brigitte, Tel. +33 7 83 14 70 63 oder +33 6 19 60 55 10

Bis in die Puppen

13 *Das Puppenmuseum in Josselin*

Seit 14 Generationen bewohnt die Adelsfamilie Rohan das Château de Josselin an den Ufern des Oust – eines der schönsten Schlösser der Bretagne. Als vor 30 Jahren ein Mitglied der Familie, Antoinette, auf den Dachböden der imposanten Gebäude herumstöberte, entdeckte sie eher zufällig eine verstaubte Puppensammlung der Urgroßmutter ihres Ehemannes. Sie begann damit, diese zu inventarisieren und zu vervollständigen. Dabei halfen private Enthusiasten ebenso wie politische Prominenz. Das Ehepaar Chirac brachte ihr eine japanische Puppe von einem Präsidentenbesuch aus Kyoto mit. Der Prinz von Wales steuerte ein persönliches Exemplar bei und zahlreiche Spender überließen ihr Spielzeuge und Puppenküchen, kleine Kinderwagen und elektrische Eisenbahnen. Eine besonders wertvolle Holzpuppe aus dem 17. Jahrhundert soll ihr ursprüngliches Zuhause in Deutschland gehabt haben. Mit diesem Schatz eröffnete Antoinette im Jahr 1984 ein Museum, das heute mit 5000 Puppen als wichtigste private Sammlung in Frankreich gilt. Die umfangreiche Kollektion erzählt die facettenreiche Geschichte der Familie Rohan aus der Perspektive dieser Spielzeugmenschen. Die Ausstellung im Schloss ist zugleich eine Weltreise in die Kindheiten unterschiedlicher Kulturen. Puppen gehören zu den ältesten und beliebtesten Spielzeugen überhaupt. Im antiken China und alten Ägypten, in Mesopotamien und den Hochkulturen der Anden kamen sie als Spielzeuge, Fetische oder Götterboten zum Einsatz. In der Neuzeit integrierte man sie in immer umfassendere Spielewelten für Kinder. Puppenkleider und Hosen für männliche Kollegen lassen schon das Gender-Thema anklingen, dann fahren Autos und Motorräder an den Puppenstuben vor und im Jahre 1959 halten Barbies in die Kinderzimmer Einzug. Puppen sind Projektionsfiguren und in der Entwicklung der kindlichen Persönlichkeit wichtige Übergangsobjekte. Dass sie alles andere als Kinderkram sind, zeigt die Ausstellung im *Musée de Poupées.*

TIPP Die Parks im französischen und englischen Stil des Château de Josselin sind ein Erlebnis.

Musée de Poupées et Jouets, Place de la Congrégation, 3 Rue des Trente, F-56120 Josselin, Tel. +33 2 97 22 36 45, www.chateaudejosselin.com

219
Poupée en costume
Roumaine. Tête en
tout articulé en
Vers 1900.
Don de la Princesse Bibesco, vers

Ganz sicher exponiert

14 *Fort des Capucins auf der Presqu'île de Crozon*

Das Panorama ist spektakulär. Im Norden der Halbinsel Crozon schiebt sich ein Landfinger mit steiler Felsküste tief in die Bucht von Brest. An dieser sich verengenden Wassereinfahrt steht man am Tor zu Frankreich, am nordwestlichen Vorposten des europäischen Kontinents. Die Spitze des Landfingers, die Klippen der Pointe des Espagnols, erlauben einen Rundumblick auf die weite Bucht, auf das wehrhafte Brest mit seinen Hafenanlagen und die Leuchttürme entlang der Küste. Container- und Militärschiffe ziehen durch die Rade de Brest hinaus auf den Atlantik und steuern weit entfernte Ziele an. Ein Stück tiefer, in der Höhe von Roscanvel, führt der Küstenpfad immer hoch über dem Meer durch wunderschöne, von Ginster gelb eingefärbte Heidelandschaft zum Îlot des Capucins mit einer spektakulären Festung. Errichtet wurde sie 1848 nach alten Plänen von Sébastien le Prestre de Vauban, dem Festungsbaumeister von Louis XIV., dem Sonnenkönig. Seit Jahrhunderten ist die Halbinsel von Crozon mit ihrer strategischen Lage ein exponierter Ort für die Landesverteidigung. Festungen und Bunker, Geschützstellungen und Forts reihen sich entlang der Küste, ein französischer Panzer aus dem Zweiten Weltkrieg rostet am Weg vor sich hin. Zum Glück hat sich die Natur die Gefechtsstände in den seit Jahrzehnten währenden Friedenszeiten zurückgeholt. Efeu und Ginster verstecken Ruinen von Pulvermagazinen und Munitionsdepots. Und so widersprüchlich es zunächst scheint: Die Landschaft ist weitgehend unberührt. Das ist ein Kollateralgewinn, denn im Umfeld der militärischen Anlagen hat man die Räume freigehalten, sozusagen eingefroren. Aber dennoch ist der Krieg auf dieser traumschönen Halbinsel an vielen Ecken noch präsent und gar nicht nur historisch: Auf der Île Longue gegenüber von Roscanvel liegen gut geschützt die Atom-U-Boote der französischen Marine. Die Presqu'île de Crozon ist eine von der Natur reich beschenkte Halbinsel, die jedoch bis heute für ihre exponierte Lage einen hohen Preis bezahlt.

TIPP

Das Restaurant Les yeux dans l'eau am Hafen von Le Fret bietet fantasievolle Küche.

Fort des Capucins, F-29570 Roscanvel, Presqu'île de Crozon (Das Fort liegt auf der Camaret zugewandten Seite des Landfingers von Roscanvel.)

It's a kind of magic

15 *Abteikirche Saint-Sauveur in Redon*

Menschen senken die Stimme, bewegen sich bedächtiger, wenn sie eine Kirche betreten. Spirituelle oder gar heilige Stätten beeinflussen intuitiv unser Erleben und Verhalten. So ergeht es auch den meisten Besuchern der romanisch-gotischen Abteikirche Saint-Sauveur in Redon. Das Gotteshaus am Zusammenfluss von Vilaine und Oust gehört zu einem Klosterkomplex, der dem heiligen Benedikt geweiht ist und dessen Gründung auf das Jahr 868 zurückgeht. Die Lage dieses im Mittelalter größten bretonischen Klosters in der Stadt ist bis heute exponiert. Nicht von ungefähr wählten die Mönche für die Kloster- und spätere Stadtgründung damals den Kreuzungspunkt zweier navigierbarer Flüsse. Und da das Siedlungs- und Stadtgebiet von Redon damals wie heute von Mooren umgeben ist, hat man die Abtei auf einer Anhöhe errichtet. Von dort wendet sich die Kirche mit ihrer Frontseite dem Marktplatz zu. Sie hat einen romanischen Turm, aber das Hauptschiff mit einer achteckigen Kuppel wurde im 12. Jahrhundert im gotischen Stil gestaltet. Bis nach Redon – der Name kommt aus dem Bretonischen und bedeutet Furt – reicht auch die Kraft des Gezeitenstroms. Jeden Tag zweimal dringt er von der Küste bis in dieses Städtchen vor. Betritt man an einem Markttag die Kirche, kommt aus dem Gewimmel am Flussufer in ihre Mittel- und Seitenschiffe, atmet die plötzliche Stille, dann kommen ganz unterschiedliche Gefühle auf. Man empfindet Hochachtung, Respekt und Scheu. Der Kirchenraum ist enorm hoch und Spitzbögen, Rippengewölbe und Säulen lassen ihn noch leichter erscheinen. Der Begriff Gotik stammt ursprünglich vom italienischen Wort *gotico* ab und bedeutet so viel wie fremdartig oder barbarisch. Der Renaissance-Kunstkritiker Giorgio Vasari führte ihn ein, um so die Überlegenheit der antiken Kunst gegenüber der mittelalterlichen Gotik auszudrücken. Fremdartig wirken heute einzig und allein die Musikfetzen, die vom geschäftigen Marktplatz noch in die Kirche herüberwehen, wenn man in ihre sakrale Atmosphäre eintaucht.

TIPP Im Manoir de l'Automobile in Lohéac nördlich von Redon sind 400 Fahrzeuge ausgestellt.

Abbaye Saint-Sauveur, Place Saint-Sauveur, F-35600 Redon

Glibberiger Reichtum

16 *Algenhafen in Lanildut*

So war die Gegend beschaffen, welche die Nautilus eben besuchte, ein echtes Wiesenland, ein dichtes Gewirke von Algen und Meer-Gras, das so fest zusammenhing, dass der Kiel eines Fahrzeuges nur mit Mühe hindurchdringen konnte. Kapitän Nemo wollte auch nicht seine Schraube sich in dieser Kräutermasse verwickeln lassen, und hielt sich daher einige Meter tief unter der Meeresoberfläche. In Jules Vernes Science-Fiction-Roman *20.000 Meilen unter dem Meer* geht Kapitän Nemo den Algen noch aus dem Weg. Der Algenfischer Jean Leroux kann ihnen dagegen gar nicht nah genug kommen. Am Morgen ist er aus seinem Heimathafen Lanildut ausgelaufen, dem größten Algenexporthafen in Europa, steht jetzt auf seinem Kutter und schaut angestrengt durch die von Salzwasser verklebten Fenster. Der Fischer ist einer von 35 spezialisierten Seeleuten, die im Mer d'Iroise Ausschau nach dem *pain de mer* halten, dem Brot des Meeres. Mit seiner hydraulischen Erntemaschine, dem *scoubidou,* grast er den Meeresboden ab und wenn er fündig wird, taucht er den 10 Meter langen Greifarm in die üppigen Unterwasserwälder, dreht ihn wie einen Korkenzieher, lässt ihn vorsichtig aus dem Wasser kommen und hebt dann die nassfeuchte, braune Masse an Bord. Bevor der Algenquirl zum Einsatz kam, war die Ernte schwere und gefährliche Handarbeit. Aber auch Leroux' Arbeit ist weiterhin gefährlich und hart. In dieser Gegend kennt er jede Geländerille, jeden Felsen. Leroux dreht, sucht und lauscht. Klingt es hell, gibt es keine Algen am Grund, bei einem dumpfen Sound hat er ein Algenfeld erwischt. Hat er Glück, hängt ein 200 Kilogramm schweres Algenbündel am Greifer. Die Fabriken wollen nur die hochprozentigen alginathaltigen braunen Algen. Die verarbeiten sie zu Kosmetika und Lebensmittelzusätzen, zu Farben und kompostierbaren Kunststoffen. Algen sind eine Ressource des 21. Jahrhunderts. Und kommen mittlerweile auch auf den Tisch. Dazu mag man ein mit Algen gebrautes Bier servieren.

TIPP Le Chenal in Porspoder ist ein Café/Restaurant und Buchladen in einmaliger Lage am Meer.

Algenhafen, Bureau du port, Quai Cambarell, F-29840 Lanildut, Tel. +33 2 98 04 36 40 oder +33 6 31 93 58 71

In den Seilen

17 *Pont de Térénez in Rosnoën*

Dort, wo der Gezeitenfluss Aulne in die große Bucht von Brest mündet, steht seit dem Jahre 2011 eine Riesenharfe in Wind und Nebel: die erste gebogene Schrägseilbrücke Frankreichs. Mit ihrer Spannweite von 515 Metern ist sie ein technisches und ästhetisches Glanzstück. Der spektakuläre Bau an diesem wichtigen Übergang hatte zwei Vorgänger. Die erste Brücke wurde von der deutschen Armee im Jahre 1944 gesprengt, um den Vormarsch der alliierten Truppen zu verzögern. Das Nachfolgemodell erwies sich dann schnell als baufällig und wurde durch das aktuelle Viadukt ersetzt. Auf 90 Meter hohen Pylonen und mit 144 Wanten schwebt jetzt die Fahrbahn über das Flusstal. Was der Konstruktion den Namen Halbharfenbrücke einbrachte und schließlich auch Auszeichnungen: den World Infrastructure Award und 2014 den Preis der International Concrete Federation für das schönste Ingenieurbauwerk des Jahres. Schönes hat ganz in der Nähe auch die Natur zu bieten. Wer in der Bretagne das Meer, die Inseln, die großen Strände, die Kaps und die Buchten liebt, kann denken, dass es nirgendwo anders Größe und Schönheit gibt. Aber wer das Tal der Aulne zum ersten Mal vom Aussichtspunkt bei Rosnoën aus betrachtet, entdeckt die Schönheit der Erde wieder, eine Pracht, schreibt die französische Schriftstellerin Géva Caban. Und meint damit den spektakulären Blick auf die Aulne von einer Anhöhe nicht weit entfernt von der Brücke. Der Fluss bewegt sich dort unten im Tal im Rhythmus der Gezeiten, ein Biotop zwischen Meer und Land. Haubentaucher und Graureiher, Stockenten und Fischadler nehmen Kurs auf die Ruine der Abtei von Landévennec, des ältesten bretonischen Klosters, und finden Rastplätze in den exotischen Bäumen des Parks der Abtei. Dann segeln sie weiter zum nächsten Landeplatz, einem eigentümlichen Schiffsfriedhof: In einer Flussbeuge liegen aufgegebene Fregatten der französischen Marine und warten auf ihre Verschrottung im Hafen von Brest.

TIPP

Vom 330 Meter hohen Berg Ménez-Hom blickt man auf die Halbinsel Crozon, auf Brest und Douarnenez.

Pont de Térénez, an der Landstraße D 791, F-29560 Argol bei Rosnoën

Zupackende Manöver

18 *Segelmuseum Éric Tabarly in Lorient*

Es war die Nacht vom 12. auf den 13. Juni 1998. Der französische Segler Éric Tabarly war mit seinem Boot unterwegs nach Schottland. In der Irischen See vor Wales gingen die Wellen hoch, der Wind nahm zu, es regnete. Tabarly wollte das Großsegel reffen, dabei wurde er von einem Mastteil am Kopf getroffen und stürzte ins Meer. Rettungsversuche seiner vier Mitsegler scheiterten in der schweren See. Wochenlang blieb der 66 Jahre alte, in der Bretagne in der Nähe von Quimper lebende Segler verschollen. Erst gut einen Monat später fanden Fischer seine Leiche. Der in Nantes geborene Tabarly war einer der erfahrensten und erfolgreichsten Regattasegler der Welt, ein früher Star der *course au large,* wie man in Frankreich jene Regatten und Rekordfahrten nennt, die die Segelprofis weit hinaus auf die Weltmeere führen, über den Atlantik und den Pazifik, rund um den Globus, am Kap Hoorn vorbei und ins Eismeer. Viele dieser Rennen wurden zum ersten Mal in den 1960er-Jahren gestartet, manche hat Tabarly später mitinitiiert. Zum Star wurde er 1964, als er sich mit einem von ihm selbst konstruierten Holzboot an der den Atlantik überquerenden Ostar beteiligte und überraschend die damals weltweit führende britische Hochseeseglerelite besiegte. Dem großen Sportler Éric Tabarly, diesem Segelhelden, der deshalb auch ein erfolgreicher Botschafter des Segelsports war, ist seit 2008 in Lorient ein Erlebnismuseum gewidmet, die Cité de la Voile Éric Tabarly. Es ist ein Mitmachmuseum, in dem man sich selbst in die Kabine eines Trimarans zwängen kann und außerdem alles erfährt über das Segeln, den Regattasport und über Éric Tabarly. Im 4-D-Kino der Cité de la Voile geht man auf die *course au large,* an Bord eines Vendée-Globe-Bootes, und das ganz ohne nass zu werden. *Tabarly a mis une voile dans le coeur de tous les Français – Tabarly habe ein Segel in das Herz jedes Franzosen gesetzt,* heißt es in einem Schriftzug an der Außenwand des Museums.

TIPP La Base – die ehemaligen deutschen U-Boot-Bunker in Lorient sind beeindruckende Erinnerungsorte.

La Cité de la Voile Éric Tabarly, Lorient La Base, F-56323 Lorient, Tel. +33 2 97 65 56 56, www.citevoile-tabarly.com

DÉPART
URNEZ LA BARR
DITE ET À GAUCH

Einfach sagenhaft

19 *Der Goldene Baum in der Brocéliande*

Es brannte lichterloh. Fünf Tage lang loderten die Flammen, zerstörten eine Waldfläche von 400 Hektar in der Brocéliande, diesem mystischen bretonischen Forst voller Legenden. Fake News machten die Runde. Ist die magische Brocéliande mit ihren moosbewachsenen Bäumen, Schluchten und geheimnisvollen Geschichten wirklich nur noch Schall und Rauch? Gehen die Brände vom Tal ohne Wiederkehr aus? Hat der Zauberer und Druide Merlin oder haben gar Artus und die Ritter der Tafelrunde ihre sagenhaften Hände im Spiel? Die Beinahzerstörung des weltweit bekannten und mythenreichen Fantasielandes ging im Jahre 1990 jedenfalls auf Brandstiftung zurück und ließ eine breite Unterstützerbewegung entstehen. Die *Association de Sauvegarde du Val sans Retour* pflanzte in der Forêt de Paimpont 40 Kilometer westlich von Rennes 500.000 neue Laub- und Nadelbäume. Und entschied sich 1991 im Rahmen eines Wettbewerbs, einen Goldenen Baum, das Kunstwerk des Bildhauers François Davin, in unmittelbarer Nähe des Miroir aux Fées zu errichten. Der mit 5000 Goldblättern bedeckte Kastanienstamm steht in einer verwunschenen Waldlichtung beim legendären Spiegelweiher und rund um ihn herum hat der Künstler fünf verkohlte Baumskelette gesetzt. Davin will mit dem *Arbre d'Or* an die Zerbrechlichkeit, die Wiedergeburt und Unsterblichkeit von Wald und Natur erinnern. Das umstrittene Kunstwerk in der Form eines Hirschgeweihs zieht jährlich Tausende Besucher an, muss sich aber auch immer wieder gegen Vandalismusattacken behaupten. Mal fehlt dem Baum ein vergoldeter Ast, mal legen Fanatiker die verkohlten Baumrandgruppen flach. Nicht weit entfernt vom Goldenen Baum steht auf einem erodierten Felsen der *Siège de Merlin* – Merlins Sessel. Auf ihm soll der Legende nach der Zauberer gesessen und das Tal bewacht haben. Seine magischen Kräfte reichten jedenfalls wohl nicht aus, um das Feuer zu verhindern. Beim Brand im Jahr 1990 wäre der Fels durch die extreme Hitzeentwicklung beinahe zerborsten.

TIPP
Das schöne Schloss von Comper bietet eine Ausstellung und Führungen rund um die Artuslegende.

Arbre d'Or, Val sans Retour, F-35380 Paimpont (Um in das Tal ohne Wiederkehr zu gelangen, durchquert man das Dörfchen Tréhorenteuc.)

Worst-Case-Location

20 *Port Bestrée in Audierne am Cap Sizun*

Einige von ihnen haben einen kleinen, oft mehrfach verstärkten Deich, der die vorgelagerten Felsen verlängert und die Dünung bricht. Auch eine Handwinde gibt es manchmal oben auf den Klippen, die zum Einsatz kommt, wenn es bei Sturm und Seegang sehr schnell gehen muss. Unterstände als Windbrecher, Schutzhütten als Lager für Angelausrüstung, Werkzeuge und Fischreusen: Die *ports abris,* die Minihäfen am Cap Sizun, sind einfache und kreative Schutz- und Rückzugsorte an einer äußerst gefährlichen Küste. Um hier zu überleben, musste der Mensch seit Jahrtausenden seine Nahrung vom Meer aus über die Klippen in Sicherheit bringen, Körbe mit Fisch und Algen anlanden, bevor die nächste Welle oder eine Bö die Schiffe an der Steilküste zerschellen ließ. Einer der Häfen, die diesem Zweck dienten, ist der Port Bestrée. Heute winzig klein und verloren, lagen in den 1920er-Jahren in seinem Schutz noch Dutzende Boote vor Anker. Bis zu 80 Mann Besatzung legten von hier in die fischreichen Fanggründe vor der Pointe du Raz ab und kehrten mit ihrem Hummer- und Langustenfang hierher zurück. 1885 wurde der große Felsen westlich der Hafeneinfahrt durch einen Wellenbrecher mit der Küste verbunden, dazu kamen noch eine Plattform und eine Treppe. Später installierte man außerdem eine Art Motorseilbahn, mit der die Fischer ihren Fang nach oben transportieren konnten. Was auch ein heimliches Zwischenlager für Schmuggler sein könnte, war damals außerdem so etwas wie ein Logistikhub für die Île de Sein und die Leuchttürme Vieille und Tévennec. Wenn es das Wetter erlaubte, starteten von hier die Schiffe zum regelmäßigen Wechsel und Austausch der Wärter. Dass die Schutzhäfen am Cap Sizun perfekte, geschützte Rückzugsorte waren, machten sich im Zweiten Weltkrieg und im Kampf gegen die deutschen Besatzer auch die Aktiven der Résistance zunutze und landeten hier Partisanen und Material an. Aus der Not eine Tugend machen – dafür sind die *ports abris* bis heute ein Symbol.

TIPP Die Küche im Restaurant La Table de Lou in Pont-Croix ist zu empfehlen.

Port Bestrée, F-29770 Audierne (Anfahrt über Route de Bestrée)

Surfing Bretagne – der Spot

21 *Pointe de la Torche in Plomeur*

Eine mächtige Landspitze, ein rund 200 Meter langer Finger aus Felsen und Dünen, schiebt sich hinaus in den Ozean und teilt den kilometerlangen Küstenstreifen in die nördliche Plage de Tréguennec und südliche Plage de Pors Carn. Das geologische Phänomen hat eine 5000 Jahre alte Siedlungsgeschichte und ist ein einzigartiger Beobachtungsposten. Von hier kann man den meterhohen Atlantikbrechern dabei zusehen, wie sie ihre Energien bündeln und entladen. Die Pointe de la Torche, wie die gesamte Strandregion heißt, ist für Surfer der Spot aller Spots. Sie sind hier bei jedem Wetter und möglichst bei ganz viel Wind auf dem Meer, paddeln mit ihren Boards hinaus und lauern auf die passende Welle. Erwischen sie die Breakpoints, beginnt ihr spektakulärer Tanz auf den Wellen, der mal elegant im Stehen und mal kopfüber in der Brandung endet. Die Sandbuchten der Pointe de la Torche sind nach Westen ausgerichtet und daher läuft hier die beinahe ideale Welle auf – bis zu 4 Meter hoch, lang gezogen und weniger brechend als in Südfrankreich. Daher legen hier gerne auch die Profis der PWA World Windsurfing Tour zwischen Sylt und Hawaii ihre Zwischenstopps ein und locken dann mit ihren Events bis zu 80.000 Zuschauer an die Strände. Aber nicht nur die Wellenreiter, auch Stand-up-Paddler, Bodyboarder und Kite- und Windsurfer kommen hierher – das ganze Jahr über. In den Sommermonaten wird es allerdings besonders voll und dann platzen Campingplätze und Surfschulen aus allen Nähten. Wem das Gedränge zu groß wird, der findet Alternativen zum Stau vor der Welle ganz in der Nähe: In den Dünen, Wiesen, Lagunen und Sümpfen des riesigen Naturschutzgebietes der Bucht von Audierne kann man wunderbar Rad fahren oder Küstenspaziergänge entlang der Strände machen. Die Pointe de la Torche ist auch ein Reservat für Zugvögel, das zum Birdwatching einlädt. Nur beim Schwimmen im Meer ist größte Vorsicht geboten: Die Unterströmungen können gefährlich sein.

TIPP Notre-Dame de Tronoën in Saint-Jean-Trolimon ist der älteste Calvaire der Bretagne.

Pointe de la Torche, F-29120 Plomeur

C-SKINS

Schatzsuche bei Ebbe

22 *Île Tristan bei Douarnenez*

Von wegen einfach mal mit der Fähre übersetzen! Auf die Île Tristan kommt man nur zu Fuß und bei großer Ebbe. Wenn einmal im Monat das Niedrigwasser die Passage von der Hafenstadt Douarnenez aus erlaubt, lädt die Insel zu Tagen der offenen Tür in ihre Gärten ein. Ansonsten sollen die Pflanzen und Tiere hier ihre Ruhe haben. Von einem Leuchtturm dominiert und einem Inselwächter persönlich behütet, ist die 7 Hektar große Île Tristan die älteste, seit dem Jahre 1930 denkmalgeschützte Anlage in Frankreich. Geschichte und Legenden haben die Insel geprägt. Tristan und Isolde, das tragische Liebespaar, sollen auf der Insel haltgemacht haben und von dem verführerischen Liebestrank gekostet haben, der sie ins Unglück stürzte. Ihr Grab suchen die Bewohner auf der Insel allerdings vergeblich. Wie auch die wertvolle Beute eines blutrünstigen Wegelagerers aus dem 16. Jahrhundert, Guy Éder de la Fontenelle, die er angeblich – als die Piraten während der Religionskriege in Frankreich in der Bretagne ihr Unwesen trieben – im grünen Dschungel versteckt hat. Dabei ist die Insel mit 450 Metern Länge und 250 Metern Breite wirklich überschaubar. Jedoch entfaltet sie mit ihrer biologischen Vielfalt, ihren ganz unterschiedlichen Landschaften, Pflanzen- und Tierarten einen einzigartigen Zauber. Küstengrasparzellen gehen in trockene Moore über, Laub- und Nadelbäume dominieren den Obst- und den botanischen Garten. Über haushohen Bambussen und Magnolien ziehen Seeadler ihre Kreise, zwischen Zypressen und Seekiefern, Linden und Ahornbäumen wieseln Kaninchen, Marder und Füchse umher. Die Reize des kleinen Eilands blieben natürlich von Liebhabern nicht unentdeckt: Ein Künstlerpaar erwarb zu Beginn des 20. Jahrhunderts eine alte Konservenfabrik auf der Insel und verwandelte sie für einige Zeit in einen Treffpunkt des Pariser Jetsets. Seit 1995 ist die Île Tristan Eigentum des *Conservatoire du Littoral* und wird von der Stadt Douarnenez verwaltet.

TIPP

Im Port Musée in Douarnenez liegen historische Schiffe im Hafen eines einzigartigen maritimen Museums.

Île Tristan, Cale du Guet, Boulevard Richepin, F-29100 Douarnenez, www.mairie-douarnenez.fr (Besuchstage beim Rathaus erfragen)

Gauguins Ursprünglichkeit

23 *La Maison-Musée in Le Pouldu*

Ich liebe die Bretagne, ich finde hier Wildheit und Primitivität. Wenn meine Holzschuhe auf dem Granit klappern, höre ich den dumpfen, dunklen und starken Ton, den ich in meinen Bildern zu erreichen suche, schrieb im Jahre 1888 Paul Gauguin an einen seiner Kunstfreunde in Pont-Aven. Der spätere Meister des Synthetismus war in den letzten Jahrzehnten des 19. Jahrhunderts ein einflussreicher Akteur einer Gruppe von Malern, die sich zunächst im Hotspot Pont-Aven und dann im aus der Welt gefallenen Küstendorf Le Pouldu an der Mündung der Laïta zusammenfanden. In dieser kreativen Gemeinschaft ließen sich die Maler von den Landschaften des Finistère und dem besonderen Licht der Bretagne zu leuchtenden Farben und vereinfachten Formen inspirieren. Als der gelernte Bankkaufmann Gauguin im Jahre 1886 von Paris aus in die Bretagne aufbrach, war seine persönliche Situation alles andere als rosig. Er verlor seine Arbeitsstelle und verließ, geplagt von chronischen finanziellen Nöten, seine dänische Frau Mette mit den gemeinsamen fünf Kindern. Er wollte nur eines: in einer Herberge in einem bretonischen Nest absteigen, Gemälde malen und sparsam leben. Gauguin ging zunächst nach Pont-Aven, seine innere Unruhe zeigte sich im stetigen Wechsel von Besuchen bei van Gogh in Arles und Reisen in die Südsee, immer getrieben von einem neuen Malstil – mehr Farbe und Fläche, räumliche Tiefe durch Zweidimensionalität und rhythmisch gegliederte Kompositionen. Für diese Suchbewegung wurde es ihm in Pont-Aven schließlich zu trubelig. Gemeinsam mit Malerkollegen quartierte er sich in Le Pouldu in der einfachen Herberge Buvette de la Plage ein. In dem als *Maison-Musée* heute vollständig rekonstruierten Gebäude wird das Lebensgefühl dieser Künstlerszene lebendig. Sie bemalten damals nämlich nicht nur Leinwände, sondern auch die Wände, die Decken und Türen des Hauses. Und im Schlafraum Gauguins kann man als Besucher den Eindruck haben, der Meister sei nur mal eben mit seiner Staffelei zum Strand gegangen.

TIPP

Vom Bar-Hôtel du Pouldu an der Mündung der Laïta ist es zu attraktiven Stränden nicht weit.

Maison-Musée du Pouldu, 10 Rue des Grands Sables, Le Pouldu, F-29360 Clohars-Carnoët, www.maisonmuseedupouldu.blogspot.com

Zimmer mit Aussicht

24 *Île Louët bei Carantec*

Habe tief und fest geschlafen. Jetzt sitze ich in der Morgendämmerung auf der Bank vor dem Haus des Leuchtturmwärters und genieße meine Tasse heißen Tee. Die kalte Dusche hat meine Lebensgeister geweckt. Glaube zu träumen. Drüben an der Küste der Plage de Tahiti, der im Zwielicht seinem Namen alle Ehre macht. Das trutzige Château du Taureau hält in der Bucht von Morlaix Wache. Als die Sonne gestern Abend über der Île Callot untergeht, springen die grün-weißen Lichter der Laterne an. Seeschwalben und Möwen tanzen Ballett. Eingelullt vom Rauschen der Wellen und dem Wind werde ich schläfrig. Die Sterne leuchten bis weit in den Ozean. Ich komme mir vor wie Robinson auf seiner verlassenen Insel. Wer von solchen Erlebnissen berichten kann wie dieser Gast im Leuchtturm auf der Île Louët vor dem Küstenstädtchen Carantec, muss wirklich Glück haben. Denn den Turm kann man mieten – wenn man schnell ist. Die Gemeinde hat ihn 2004 zusammen mit dem ehemaligen Haus des Wärters und kleinen Nebengebäuden grundsaniert und in einen ganz besonderen Rückzugsort verwandelt. Maximal zehn Personen können sich von Ende März bis Anfang November dort einmieten – allerdings nicht mehr als zwei Tage und Nächte, denn die Nachfrage ist groß. Und das, obwohl die Bleibe mit kaltem Wasser, ohne Heizung und mit rationiertem Strom nicht übermäßig komfortabel ist und auch nicht gerade preiswert. Aber die Insellage entschädigt für alles. Wer die Zeitfenster für die Onlinereservierung des jeweils kommenden Jahres kennt, ist schon einmal gut präpariert und bekommt vielleicht eine Chance, also im rechten Augenblick einen digitalen Fuß in die Tür. Der 1857 erbaute Leuchtturm auf der Insel ist heute automatisiert und für die Navigation in der Bucht von Morlaix zuständig. Bei Ebbe erreicht man die kleine bewohnte Nachbarsinsel Callot zu Fuß oder auf einer ansonsten überfluteten Straße auch mit dem Auto. Zum Leuchtturm gelangt man nur per Boot. Ein verheißungsvoller Auftakt für die Inseltage.

TIPP Die Schiffstour in der Bucht von Morlaix zur Festung des Château du Taureau ist ein Erlebnis.

Île Louet, frühzeitige Reservierungen unter www.baiedemorlaix.bzh/fr/s-inspirer/ile-louet-vivre-tel-robinson-sur-son-ile/reserver-la-maison-du-gardien-de-phare

Struppig und trendy

25 *Port du Rosmeur in Douarnenez*

Die Bars und Restaurants in den historischen Hafenhäusern mit ihren bunten Fassaden sind keine gestylten Schönheiten, haben aber ohne Zweifel besonderes Flair. Hier, am Port du Rosmeur in der weiten Bucht von Douarnenez, mischt sich pittoresker Charme mit Fischindustrie. Denn gleich gegenüber schachteln sich Betoncontainer und Wellblechhallen und vor der großen Hafenmauer warten Trawler auf das Löschen ihrer Fischkisten. Neben Arbeitsschiffen und in die Jahre gekommenen Schaluppen haben auch ein paar Segelyachten an der Mole festgemacht. Die Ventilatoren der Eisfabrik surren, aus der Bar wehen Musikfetzen aus dem Fernseher herüber. Wellen klatschen gegen die Schiffsrümpfe und auf den Stegen warten Angler geduldig auf einen Fisch, der zuschnappt. Jetzt noch ein Glas Muscadet und einen Teller mit gebratenen Sardinen bestellen. Dieser Fisch muss es sein, denn ihm hat sich Douarnenez schon immer verschrieben. Und seit man dann vor mehr als 200 Jahren herausbekommen hat, wie man das blaue Gold durch Konservierung in der Dose auch haltbar machen kann, kommt die Sardine hier im industriellen Maßstab in die Büchse. Um das Jahr 1900 gab es bereits über 40 Konservenfabriken in der Stadt – Douarnenez war damals der bedeutendste Sardinenhafen in Frankreich. Die harte Arbeit in den Fabriken machten die Frauen, *penn sardin* nennt man sie, Sardinenköpfchen. Douarnenez prosperierte und seine Bevölkerung wuchs schnell. Aber dann blieben über Nacht die Schwärme einfach weg und aus der Sardinenhauptstadt wurde ein Armenhaus – und ein Brennpunkt der französischen Gewerkschaftsbewegung. Zwar kamen die launigen Fische irgendwann wieder zurück, doch ganz erholt von diesem Schlag hat sich die Stadt niemals. Immerhin ist sie jedoch noch heute Frankreichs drittgrößter Sardinenproduzent. Ein 6 Kilometer langer *Chemin de la Sardine* erinnert mit im Trottoir eingelassenen Wegmarken an die Geschichte der Stadt und auch an die Sardinenköpfchen.

TIPP

Das Restaurant Le Bigorneau Amoureux klebt an der Hafenmauer wie ein Hochsitz.

Port du Rosmeur, 25 Quai du Grand Port, F-29100 Douarnenez, www.douarnenez-tourisme.com

RESTAURANT DE LA RADE
BAR
HOTEL
BAR DE LA RADE
BAR
RESTAURANT
1664

26 *Beg-Meil an der Bretonischen Riviera*

Die Apfelbäume reichen bis ans Meer und der Geruch von Apfelmost liegt in der Luft. Diese Mischung aus Poesie und Sensibilität reicht mir. Marcel Proust war in Beg-Meil, als er im Oktober 1895 diese Briefzeilen schrieb. Einquartiert hatte er sich in der damals noch bescheidenen Pension Ferment, und hier schrieb er die ersten Zeilen seines nie veröffentlichten *Jean Santeuil.* Einige Jahre später hatte sich Beg-Meil als Modeort etabliert, dem auch die große Sarah Bernhardt einen Besuch abstattete, und Prousts Unterkunft mit seiner auf das Meer blickenden Terrasse war zum Grand Hotel aufgestiegen. Seither eilte diesem Stück Bretagne – der bretonischen Riviera, wie es heute in der Tourismuswerbung heißt – ein besonderer Ruf voraus. Das schöne Städtchen Quimper ist nah, und auch die Hafenstadt Concarneau liegt nur ein kleines Stück weiter südlich. Nicht von ungefähr haben hier an der grünen Küste viele reiche Franzosen ihre Sommerhäuser. Wo man auf dem Hohlweg zwischen den Badeorten Beg-Meil und Cap Coz einen Blick auf sie erhascht, sieht man wahrhaft beeindruckende historische Anwesen, meist umgeben von endlosen Parks. Es ist auch wirklich keine schlechte Wahl. Denn hier verlieren sich hübsche, kleine Buchten mit wunderbaren Sandstränden, gerahmt von Felsen, Klippen und Pinien. Der Exklusivität der Anrainer setzt allerdings seit ein paar Jahrzehnten eine Gesetzgebung Grenzen. Die sogenannte *servitude de passage* verpflichtet seit 1976 die Villenbesitzer, einen mindestens 4 Meter breiten Küstenstreifen als öffentlichen Raum zur Verfügung zu stellen. Sommerfrischler und Wanderer auf dem Küstenpfad GR 34, der sich hier jetzt ungehindert entlangschlängelt, profitieren von dieser Regelung, auch wenn man zum Teil an mannshoch blickdicht gemachten Anwesen vorbeiläuft. Aber der Blick auf das Meer und Concarneau auf der anderen Seite ist großartig, die Buchten sind einladend und bestens geeignet, um im türkisblauen Meer zu baden oder eine Picknickpause am Sandstrand einzulegen.

TIPP Der Wald und die Dünen von Beg-Meil und Mousterlin eignen sich gut für Spaziergänge.

Beg-Meil, F-29170 Fouesnant

CC 911 305

27 Plage de Saint-Nicolas in Port Manec'h

Ihr Besuch ist nicht erwünscht. Wer sich für Dr. Albert Barnes weltbekannte Kunstsammlung interessierte, erhielt meist eine Absage, egal wie prominent der Bittsteller war. Häufig kamen die Absagen aus der Bretagne und unterschrieben waren sie von Barnes Hund: *Fidèle-de-Port-Manec'h.* Der Biologe, vermögende Pharmaunternehmer, einflussreiche Kunstsammler und Philanthrop aus Philadelphia hielt sich nämlich zu Beginn des 19. Jahrhunderts regelmäßig in Begleitung seines Liebsten, eines schwarz-weißen Mischlingshundes, in Port Manec'h auf und trug mit seiner Anwesenheit nicht unwesentlich zum Flair des Küstenortes im südlichen Finistère bei. Die Nähe zu den Künstlern in Pont-Aven – Paul Gauguin stand mit seiner Staffelei manchmal am Strand – und die markante Lage an den Flussmündungen von Bélon und Aven taten ihr Übriges und zogen die Prominenz magisch an. Jean Gabin, Michèle Morgan und die schillernde französische Schauspielerin Arletty verkehrten hier. Sie alle zahlten auf den Ruf einer Sommerfrische ein, die einst ein kleiner Hafenort von Sardinen- und Makrelenfischern war, und in den 1930er-Jahren zum Feriendomizil der Betuchten wurde. Ihre exklusiven Villen hatten Blick auf pittoreske Buchten, das Glénan-Archipel und die Île de Groix am Horizont. Oben auf den Felsen wirft bis heute der Leuchtturm jeden Abend seine Lichter an. Gärten, Pinienhaine, Felslandschaft mit blühendem Ginster und Heidekraut, dazu weiße, hölzerne Badekabinen am Strand und kristallklares Meer: Wer heute Port Manec'h besucht, fühlt sich an der Plage de Saint-Nicolas in die Zeit der Belle Époque zurückversetzt. Komplettiert wird das attraktive Ensemble von dem über dem Strand am Hang schwebenden Manoir Dalmore. Das Herrenhaus hat ein Australier im Jahre 1926 erbaut und heute ist es eine Toplocation für Touristen. Gar nicht so weit hat man es auch zu langen Stränden wie der Plage de Tahiti unterhalb von Névez, die an sonnigen Tagen mit fast karibischem Flair hält, was ihr Name verspricht.

TIPP Das Château de Bélon ist bekannt für seine durch das Flusswasser verfeinerten Meeresfrüchte.

Plage de Saint-Nicolas, Port Manec'h, Pouldon Gesims, F-29920 Névez

Aussicht auf Verluste

28 *Baie des Trépassés am Cap Sizun*

Kann ein Ort der Verschwundenen, eine Bucht der traurigen Seelen und ein Strand der Schiffsbrüchigen ein faszinierender Platz sein? Zunächst ein kleiner Trost: Der Name *Baie des Trépassés* geht nämlich auf eine semantische Verwechslung zurück. Ursprünglich heißt diese Traumbucht mit Strand im Bretonischen *bae an avon*, was so viel wie die Bucht der Quelle bedeutet. Im Lauf der Zeit wurde dann daraus *Baie an Anaon*, weil angeblich wegen der Westwinde und Gezeitenströme die toten Körper der ertrunkenen Seeleute hier anlandeten. Die Baie des Trépassés liegt im westlichsten und wildesten Teil des Finistère auf der Halbinsel des Cap Sizun zwischen der Pointe du Raz und der Pointe du Van. Der Legende nach sind einst auch die verstorbenen Druiden von diesem Strand aus auf die vorgelagerte Île de Sein verfrachtet worden. Von ihr ist die Bucht durch eine 8 Kilometer breite Meeresenge getrennt, die mit ihren starken Strömungen zu den gefährlichsten Schiffspassagen in Europa zählt. Weshalb seit 150 Jahren die beiden emblematischen Leuchttürme La Vieille und Tévennec den Kapitänen auf hoher See den Kurs weisen. Die Westwinde begünstigen auch Wellenformationen, die aus dem Strand einen Hotspot für Surfer machen. Schwimmer spielen hier ebenfalls gern mit der Brandung und Taucher lieben das kristallklare Wasser. 600 Meter lang ist der Sandstrand und von mit Heide und Ginster bewachsenen Felsen eingefasst. Liebhaber botanischer Spaziergänge sind in den Dünen und rund um den Étang de Laoual unterwegs. Auch Wanderer lassen sich diese atemberaubende Passage des Zöllnerpfades GR 34 nicht entgehen. Weil hier eine breite Protestbewegung Ende der 1970er-Jahre den Bau eines Kernkraftwerks verhindert hat, sind Strand und Bucht unversehrt geblieben. Wenn die Winde den Atlantik in einen riesigen blubbernden Kochtopf verwandeln, die Sonne hinter dem Sein-Archipel im Meer verschwindet und die Wellen zum ultimativen Kick herausfordern, dann haben die Glückshormone leichtes Spiel.

TIPP Von der Terrasse der Buvette de Pors Théolen zum Sandstrand ist es nur ein Katzensprung.

Baie des Trépassés, Cap Sizun, F-29770 Plogoff

Tag- und Nebel-Aktionen

29 *Port de l'Île auf der Île Tudy*

Der kleine *passeur* hat in Loctudy festgemacht, entlässt dort seine Passagiere, und Fußgänger, Wanderer und Radfahrer steigen zu. Mit der Minifähre dauert die Überfahrt zur Île Tudy, die eigentlich eine Halbinsel ist, nur wenige Minuten. Drüben auf der anderen Seite auf dem kilometerlangen Landfinger empfängt die Passagiere ein quirliges Örtchen. Die Bars und Restaurants an der Hafenzeile sind gut gefüllt, und von den Terrassen aus genießen die Gäste die Blicke auf die große Meeresbucht. Boote zappeln in der Strömung an ihren Bojen, ein paar Möwen lassen sich träge auf dem Wasser treiben, Yachten sind unterwegs in der Meerenge mit Kurs auf den offenen Ozean. Eine Gruppe Strandläufer steckt gerade emsig die Schnäbel in den Sand. Bei Ebbe fällt der Fjord beinahe vollständig trocken, was für einen munteren Auftrieb von Strandfischern in Gummistiefeln und mit kleinen Eimern in der Hand sorgt, die im Schlick nach Meeresgetier suchen. Es gibt viel zu sehen im Port de l'Île-Tudy, aber dann frischt der Wind auf. Wolken treiben in Schwaden heran, die Dünung reißt einzelne Fetzen aus dem Dunst heraus. Wie hinter einer Milchglasscheibe verschwimmen die Masten der Segelboote. Unvermittelt wird es still, nur das Klatschen der Wellen ist noch zu hören. Wie von einem Weichzeichner gemalt, verschwindet nach und nach die ganze Küste im Nebel. Ganz langsam kriecht er zunächst heran, wird dann immer schneller, verschluckt die Hafenzeile, die Häuser, den Leuchtturm, dann auch die Sonne. Wie ein graues Tuch klebt er auf der Wasseroberfläche. Man sieht die Hand vor Augen nicht mehr. Könnten jetzt nicht wenigstens die Nebelhörner der Leuchttürme losheulen? *La brume*, der magische bretonische Nebel, schafft eine einzigartige, fast mystische Stimmung und lässt an Magier und Druiden, an tanzende Gespenster und an Geisterschiffe denken. Stattdessen taucht wieder der *passeur* auf, dessen Kapitän unbeirrt auf sein GPS-System vertraut und seine Passagiere jetzt tastend ins Nebelland entlässt.

TIPP Die alte Fischkonservenfabrik Alexis Le Gall in Loctudy erzählt die Kulturgeschichte einer Branche.

Port de l'Île Tudy, Quai de Pen ar Veur, F-29750 Loctudy

Mit Haken und Ösen

30 *Granitsteinbruch Houssac am Fluss Oust*

Man sollte auch loslassen können! Diesen Spruch aus dem Repertoire von Lebenshelfern können wohl die meisten nicht mehr hören. Wer jedoch am Berg in Begleitung eines Trainers die ersten Griffe und Schrittwechsel trainiert, sollte den Hinweis ernst nehmen. Zum Beispiel im Granitsteinbruch von Houssac, wo Neulinge und Fortgeschrittene an steilen Felsen das Klettern üben. In dieser Ecke des romantischen Tals des Oust fallen nämlich Steinwände von bis zu 50 Metern Höhe beinahe senkrecht in den Fluss. Über Jahrtausende ist am Zusammenfluss mit dem Aff zwischen Granit und Schiefer aus einer Spalte ein Canyon entstanden, dessen Steilwände und majestätische Steinformationen ein beliebtes Ziel für Kletterer in der Bretagne sind. Das hat für jeden etwas zu bieten, ob Anfänger oder Profi. Für einfache Touren sind die Felsen mit Griffen und kleinen Trittsteinen ausgestattet, erfahrene Kletterer finden Seilverbindungen vor und im Stein verankerte Haken. Kinder können sich in einem den Fluss überspannenden Klettergarten austoben, sich zum Beispiel auf Rollen an Stahlseilen entlangtreiben lassen oder auf Schwebetreppen über das Wasser balancieren. Viele Abenteuerlustige kommen auch deshalb hierher, weil die Kletterwände in ein außergewöhnliches Naturschutzgebiet mit zahlreichen Wanderwegen und Fahrradwegen übergehen. Mitten im Fluss, den Kajak- und Kanufahrer als idyllisches Tourenareal schätzen, liegt zwischen Seerosen malerisch auch eine Insel, die Île aux Pies. Angler werfen ihre Leinen nach Karpfen und Gründlingen aus, Hausboote ziehen gemächlich vorüber. Zwischen Felsbrocken und Wiesenstücken mit Buchen, Ginster und Farnen finden auch Krähen und Eichelhäher, Reiher und Spechte einen Rastplatz. An den Ufern warten Restaurantterrassen und Crêperien. Wer es dennoch mit dem Sport hält und es über die Klettersteige bis nach oben auf die Felskante schafft, kann die bunte Szenerie aus der Vogelperspektive bestaunen.

TIPP Die romantische Flusslandschaft des Oust lässt sich am besten mit dem Kajak oder Kanu erkunden.

Houssac, Parc de l'Île aux Pies, Base de Loisirs, F-56350 Saint-Vincent-sur-Oust, www.escapades-verticales.fr

Spiele mit Vergänglichkeit

31 *Strandkunstfestival in Trébeurden*

Eine grüne Himmelsleiter ragt aus dem Niedrigwasser auf. Ein ornamentales Farbenlabyrinth bedeckt den Sandstrand. Oben auf den Felsen schwebt ein Akkordeon. Im September jedes Jahres verwandeln Skulpturen, Zeichnungen, Installationen, Performances und Klangkunst die Gezeitenzone von Trégastel, Trébeurden und Pleumeur-Bodou beim *Festival d'Art de l'Estran* in eine Galerie für zeitgenössische Kunst unter freiem Himmel. Es sind die Tage der *grande marée,* die sehr tiefe Ebbe hat weite Sandflächen freigegeben und lockt Tausende Besucher zu Strandwanderungen an. *Estran,* das bezeichnet die Fläche an der Küstenlinie, die im Wechsel der Gezeiten ihr Gesicht vollkommen verändert, bei Ebbe trockenfällt. Und was passiert mit all der Strandkunst, wenn nach 6 Stunden wieder die große Flut kommt? Wird die gigantische Figur aus Holzpaletten die heranrollenden Wellen überstehen? Wann gehen die Stühle einer bunten Reise nach Jerusalem baden? 18 regionale und internationale Künstler, von einer Jury ausgewählt und mit je 1500 Euro Aufwandsentschädigung honoriert, machen alljährlich das *Festival d'Art de l'Estran* zu einem in Frankreich beachteten Kulturevent. Es ist nicht allein der freie Eintritt, der die Besucher in Scharen anlockt. Die dramatische rosa Granitküste mit ihren gigantischen Steinhaufen, im Watt verlorenen Findlingen und wild geschichteten Felsen ist eine Bühne, die der Kunst zusätzliche Intensität verleiht. Und auch die Künstler sind hier nahbar. Man kann mit ihnen sprechen, streiten, Erfahrungen austauschen. Denn das Festival ist auf Vermittlung angelegt. Alle Beteiligten müssen neben ihren lebensgroßen Strandkreationen auch eine kleinere Version für eine mögliche Ausstellung im Inneren zur Verfügung halten, so die Bewerbungsausschreibung zum Festival. Bei 12 Meter Tidenhub und oft stürmischen Winden wollen auch die Veranstalter darauf vorbereitet sein, die Strandkunst indoor zu präsentieren.

TIPP Eine Wanderung rund um die schöne Île-Grande ist eine faszinierende Küstentour.

Festival d'Art de l'Estran, Strände von Trégastel, Trébeurden und Pleumeur-Bodou
www.festivaldelestran.com

Weiß wie Schnee

32 *Vogel- und Naturschutzgebiet Sept-Îles*

Aus bis zu 40 Metern Höhe stürzen sie sich ins Meer, tauchen gern auch mal 15 Meter tief: Basstölpel auf der Jagd nach Fischen. Damit später ihre Jungen etwas davon abbekommen, schlucken sie Makrelen, Heringe und Sardinen schnurstracks hinunter. Manche tauchen auch ganz ohne Beute wieder auf, verhelfen mit ihren spektakulären Abstürzen nur ihren Artgenossen zur Beute. Fischer, die einst dieses Verhalten beobachteten, haben den *verrückten* Tieren den Namen *fou de bassan* gegeben. Auf den Sieben Inseln, dem felsigen Archipel vor der spektakulären rosa Granitküste, leben 20.000 Paare dieses größten europäischen Wasservogels. Die Basstölpel sind da draußen, etwa 10 Kilometer vor der Küste, jedoch nicht allein. Im ersten, größten und bedeutendsten Landschafts- und Vogelschutzgebiet Frankreichs brüten und tummeln sich Austernfischer, Krähenscharben und Trottellummen, Möwen und Kormorane. Auch der Papageientaucher ist auf dem Archipel zu Hause. Dass er dort in Frieden lebt, ist neu, denn früher trieben auf den Inseln Wilderer und Jäger ihr Unwesen. Die Zeitschrift *La chasse illustrée* berichtete am 7. Mai 1881 von einem regelrechten Vogelmassaker mit Hunderten von Kadavern. Mit der Entwicklung des Küstentourismus zu Beginn des 20. Jahrhunderts lud man sogar Urlauber zu solchen Papageienjagden. Dieser Naturfrevel gab im Jahre 1912 den Impuls zur Gründung der *Ligue pour la Protection des Oiseaux* (LPO), die bis heute ihre schützende Hand über das Vogelparadies hält. Auf der Île-Grande betreibt sie sogar ein ornithologisches Sanatorium für Vögel, die Unfälle und Ölverschmutzungen sonst nicht überleben würden. Wer von Ploumanac'h oder von Perros-Guirec aus mit einem Ausflugsboot zu den unbewohnten Inseln aufbricht, sollte sich unterwegs auf starken Luftverkehr von Abertausenden Vögeln einstellen. Nähert man sich den Inseln, entdeckt man in den Brandungsfelsen Kegelrobben, auch sie ständige Bewohner, die vor sich hindösen, als hätten sie mit diesem ganzen Auftrieb nichts zu tun.

TIPP Die Meeresaquarien von Trégastel sind in die Steinlandschaft der rosa Granitküste eingelassen.

Sept-Îles, F-22700 Perros-Guirec (Ortsteil Ploumanac'h), Tel. +33 2 96 91 10 00
www.armor-navigation.com (Überfahrt mit Armor Navigation, Gare maritime Plage de Trestraou)

Letzte Wünsche

33 *Grand Bé in Saint-Malo*

Es ist Ebbe vor der Festungsstadt Saint-Malo mit ihren wuchtigen Stadtmauern. Ein langer Zug von Menschen, meist Franzosen, bewegt sich über die Sandpassage, die die Flut freigegeben hat, auf eine kleine Insel zu. Ihr Ziel ist ein imposantes Grab mit einem aus zwei Granitzylindern gestalteten Kreuz. Die Stimmung ist eher ernst, alles scheint darauf hinzudeuten, dass hier ein Großer, dass hier ein Dichter begraben ist. Und so ist es. *Ich wünsche mir einen ganz einsamen Ruheplatz gen Sonnenuntergang, weit draußen im Meer.* So heißt es in einem Brief, den François-René de Chateaubriand, der Verfasser eines der größten Memoirenwerke der französischen Literatur, der *Erinnerungen von jenseits des Grabes,* schon Jahre vor seinem Tod an den Bürgermeister seiner Heimatstadt Saint-Malo geschrieben hat. Sein Wunsch ist in Erfüllung gegangen. Auf Grand Bé, diesem Felseneiland draußen im Atlantik, wurde der 1768 geborene Sohn einer uralten bretonischen Adelsfamilie begraben – mit der Stirn gegen die stürmende Flut. Auch ein weiterer Wunsch des Schriftstellers, dass nämlich sein Grab keine Inschrift tragen solle, wurde vom Chefarchitekten der historischen Denkmäler, Raymond Cornon, berücksichtigt. Ausnahme ist nur eine Plakette hinter dem Grab mit der Inschrift: *Un grand écrivain français a voulu reposer ici pour n'y entendre que le vent et la mer. Passant, respecte sa dernière volonté! – Ein großer französischer Schriftsteller wollte hier ruhen, um nichts weiter als den Wind und das Meer zu hören. Passant, respektiere seinen letzten Wunsch!* Der Bitte sind allerdings nicht alle Besucher gefolgt. Einer der berühmtesten, Jean Paul Sartre, soll dort uriniert haben, wie Simone de Beauvoir später in ihren Memoiren notierte. Das Grab habe er als pompös empfunden und dem romantischen Dichter seine Verachtung demonstrieren wollen. Chateaubriand dürfte das in seiner Ruhestätte, von der er *immer und ewiglich auf das Meer und den Sturm blicken (kann),* kalt gelassen haben.

TIPP An der Plage de Bon-Secours vor der Stadtmauer gibt es ein Meerwasserfreibad mit Sprungturm.

Le Grand Bé, F-35400 Saint-Malo (Die der Ville Close vorgelagerte Insel ist zu Fuß in wenigen Minuten, aber nur bei Ebbe erreichbar.)

Ozeanschlange

34 *Strandkunst in Saint-Brévin-les-Pins*

Was ist das? Modert da etwa ein monströser Kadaver eines Walfischs vor sich hin? Mancher Spaziergänger an der Plage de Saint-Brévin mag sich bei diesem Anblick zunächst unbehaglich fühlen, sich fragen, was er da vor sich hat. Doch dann entpuppt sich das Monstrum als eine Komposition aus glitzerndem Stahl und Aluminium. Es ist das Gerippe einer 130 Meter langen Riesenschlange, einer *serpent d'océan,* die sich mit weit aufgerissenem Maul am Meeresufer windet, als hätte sie gerade den Ozean durchquert und hier am von der Ebbe trockengelegten Strand haltgemacht. Kommt die Flut, schauen nur noch die Halswirbel und spitzen Giftzähne des Ungetüms aus dem Wasser heraus, während es bei Ebbe richtig munter zu werden scheint, man sich nicht wundern würde, wenn es sich gleich davonschleichen würde. Will das Biest etwa zu der eleganten, 60 Meter hohen Brücke, die hier die Loire-Mündung zwischen Saint-Nazaire und Saint-Brévin-les-Pins überspannt? Die Schlange ist ein öffentliches Kunstwerk. Geschaffen hat sie – auf Einladung des regionalen Kultur- und Kunstfestivals Estuaire – der chinesisch-französische Künstler Huang Yong Ping. Seit 2012 hat seine spektakuläre Arbeit hier ihren Platz gefunden. Der Künstler gehörte in den 1980er-Jahren zur Avantgarde in China und geriet dort mit der Zensur in Konflikt, seit 1989 entfaltet er in Frankreich seine Kreativität. Ist es Zufall, dass Yong Ping eine Schlange, also ein in fast allen Kulturen bedeutsames Symbol für Leben, Erneuerung und Häutung sowie für Tod, Gift und Zerstörung in eine raumgreifende Skulptur verwandelt hat? Wenn es Nacht wird am Strand von Saint-Brévin, beleuchten Halogenstrahler die Riesenschlange und lassen sie silbrig, faszinierend und bedrohlich erscheinen. Aber nicht nur sie bringt Licht ins Dunkel. Auf dem gegenüberliegenden Ufer sind die Trockendocks der in Saint-Nazaire konstruierten, gigantischen Kreuzfahrtschiffe ebenfalls gespenstisch illuminiert. Gegenüber diesen Meeresmonstern wirkt die Riesenschlange fast niedlich.

TIPP Auf dem Wander- und Radweg von Nantes nach Saint-Nazaire gibt es viele erstaunliche Kunstwerke.

Serpent d'océan, Plage de Mindin, F-44250 Saint-Brévin-les-Pins

Die Königin der Muscheln

35 *Jakobsmuscheln in Saint-Quay-Portrieux*

Fangfrisch schmecken sie am besten. Wenn die Boote aus der Bucht von Saint-Brieuc zurückkommen, ist die Gelegenheit günstig, sie direkt bei den Fischern zu kaufen. Aber auch in den Restaurants am Hafen stehen die begehrten Jakobsmuscheln überall auf der Speisekarte. Was eine eher neuere Entwicklung ist, denn bis zu Beginn des 20. Jahrhunderts war die *pecten maximus* als größte unter den Kammmuscheln noch eine Sättigungsbeilage für die Eintöpfe der Fischer auf Landgang. Dann aber wurde sie zur gastronomischen Delikatesse. Ihr Statuswechsel führte zu einer bemerkenswerten Entwicklung. Denn die Nachfrage war so groß, dass ihre Bestände bald gefährdet waren und so beschränkte man in den 1970er-Jahren die Fangquoten, -zeiten und Bootslizenzen, allerdings ohne den erwarteten Erfolg. Seitdem setzen die Fischer und ihre Organisationen auf eine nachhaltige Fischerei, die Ökologie und Ökonomie, die Sicherung der Bestände und die Existenz der Muschelfischer gleichermaßen im Blick hat. Heute dürfen von Oktober bis März maximal 200 Boote nur an zwei Tagen in der Woche – in der Regel am Montag und Mittwoch – und nur 45 Minuten lang ihre Metallpflüge über den Meeresboden ziehen und die Muscheln einsammeln. Bootsgrößen, Motorleistung, Netzmaschengröße – das alles wird strikt überwacht. Wenn die Kontrolleure in ihrer Cessna aus der Luft beobachten, dass unten im Revier etwas nicht mit rechten Dingen zugeht, kann das die Fischer die Lizenz kosten. Die rare Muschel hatte schon immer auch hohen symbolischen Wert. In der Antike war sie das Sinnbild für die Göttin der Liebe und später ein beliebtes Kunstobjekt. So zeigt eines der berühmtesten Gemälde Botticellis die Geburt der Venus aus einer Schale der Jakobsmuschel. Seit dem Mittelalter war sie zudem Erkennungszeichen der Pilger auf dem Jakobsweg nach Santiago di Compostela. Heute ist sie eher ein Ausweis für Zukunftsfähigkeit: Es kann eben Sinn machen, sich kurzfristig zu beschränken, um auf lange Sicht Erfolg zu haben.

TIPP Das Cinéma Arletty in Saint-Quay-Portrieux ist ein ungewöhnliches Kinogebäude im Bauhausstil.

Coquille Saint-Jacques, Capitainerie, F-22410 Saint-Quay-Portrieux

SB 459399

Cum grano salis

36 *Salzgärten in der Guérande*

Es ist eine einzigartige Natur- und Kulturlandschaft und am besten bestaunt man sie aus der Vogelperspektive. Zum Beispiel vom Turm der Pfarrkirche Saint-Guénolé in der Salzkommune Batz-sur-Mer. Der ist ein hervorragender Ort, um von oben einen Blick auf die Salzgärten der Guérande zu werfen. Nur ein schmaler Kanal verbindet den Ozean zwischen der Landzunge von Pen-Bron und der Küste von Le Croisic mit den Verdunstungsbecken im Binnenland. Jede hohe Flut treibt das Atlantikwasser in die natürlichen Speicher vor der Küste, und von da drückt es weiter in die Salinen. Insgesamt 900 von ihnen breiten sich auf einer Fläche von rund 2000 Hektar aus – ein vielfarbiges Landschaftsspektakel. Schon die Römer legten die Kanäle mit sehr leichtem Gefälle an, sodass das Meerwasser sie ganz allmählich passiert. Ein halbes Jahr dauert der Durchlauf des salzigen Wassers durch die Kanäle und Verdunstungsbecken, bis – jedes Jahr frühestens im Juni – im letzten Bassin die eigentliche Salzernte stattfinden kann. Hier hat das Wasser die für den Kristallisationsprozess ausreichende Konzentration erreicht. Die handwerkliche Kunst der Salzbauern besteht nun darin, das Wasser mit angemessener Geschwindigkeit weiter verdunsten zu lassen. Das *fleur de sel,* das edelste und bei Feinschmeckern begehrteste Produkt der Salzernte, bildet sich an heißen Tagen an der Oberfläche des Beckens und wird an den Nachmittagen behutsam abgeschöpft. Seine zart-weiße oder rosa Farbe verdankt es der Alge *dunaliella salina.* Mineralien und Spurenelemente wie Kalzium, Magnesium und Kalium verleihen ihm dazu ein mildes Aroma und lassen es zur Delikatesse werden. Diese wertvollen Salzkristalle machen allerdings nur einen kleinen Teil der Salzernte aus, lediglich 4 Prozent. Das *sel gris,* das graue, feuchte und grobe Salz, setzt sich am lehmigen Boden des Beckens ab. Das *sel fin* schließlich ist gemahlenes, grobes Salz. Wind und Sonne, Meerwasser und gute Lehmböden: Mehr braucht es nicht, um diese zu 100 Prozent natürlichen Produkte zu erzeugen.

TIPP In Saillé macht das Haus der Salzbauern mit der Geschichte des Salzes in der Guérande bekannt.

Salzgärten der Guérande

Pfarrkirche Saint-Guénolé, Place du Garnal, F-44740 Batz-sur-Mer

Leuchtende Geschichte

37 *Phare du Stiff auf der Île d'Ouessant*

Über der Île d'Ouessant bricht die Abenddämmerung herein. Auf der westlichen und wildesten Insel der Bretagne macht sich die Leuchtturmexpertin Ondine Morin mit einer Gästegruppe auf den Weg zur nördlichen Spitze des 12 Quadratkilometer großen Eilands mitten im Atlantik. Ihr Ziel ist die Plattform des Phare du Stiff, des zweitältesten, vom Kriegsarchitekten Vauban unter Ludwig XIV. im Jahre 1695 erbauten charismatischen Signalturms. 90 Meter ist man hier hoch, wenn bei anbrechender Dunkelheit ein Feuerwerk einsetzt, das pyrotechnische Events, wie sie zum Jahreswechsel stattfinden, verblassen lässt. Nach und nach gehen auf der Insel und an der Küste in mehr als 15 Leuchttürmen die Lichter an und illuminieren den Eingang zum Ärmelkanal und das Mer d'Iroise. Es beginnt mit der dunkelroten Laterne von le Stiff, dann folgt ein Flackern und Blinken in Blau, Weiß und Rot, mit Blitzen und Dunkelphasen, Flashlights und plötzlichen Blackouts. Ondine, die auch als Fischerin vor der Insel unterwegs ist, kennt die Zeichensprache der Leuchtfeuer. Das ist auch gut so, denn wer sie nicht entziffern kann, ist hier verloren. Die Insel ist ein Bollwerk aus Granitfelsen, Riffen und Steinkolossen, gegen das tagtäglich Stürme und Sturmfluten, meterhohe Wellen und monströse Kaventsmänner anrennen. Der gefährliche Gezeitenstrom Fromveur zwischen Ouessant und dem Festland erreicht eine Geschwindigkeit von 4,5 Metern pro Sekunde. *Nul n'a passé Fromveur sans connaître la peur – keiner passiert den Fromveur, ohne die Angst kennenzulernen,* sagen die Insulaner. Wie realistisch sie ist, davon zeugen die über 1000 Schiffe, die draußen auf Grund liegen. Ondine macht ein Zeichen mit der Hand, bittet darum, einmal ganz ruhig zu sein. Vom Ozean her pfeift der Wind, die Brandung klatscht gegen die Felsen und die Mahlströme grummeln sonor. Erst bei Sonnenaufgang am nächsten Morgen legt das Leuchtfeuer von Le Stiff wieder eine Ruhepause ein.

TIPP Das Leuchtturmmuseum Phares et Balises erzählt die Geschichte dieser Bauwerke und ihrer Wärter.

Phare du Stiff, Armement Finis Terrae, Gorre Kéar, F-29242 Île d'Ouessant, Tel. +33 6 07 06 29 02

Gezeiten-Mahlzeit

38 *Restaurant und Bar L'Amiral in Saint-Malo*

Die Stufen und Terrassen des Speiseraums erinnern an eine Zuschauertribüne, und was es von hier aus zu sehen gibt, ist wirklich ganz großes Kino. Ein 180-Grad-Panorama tut sich hinter der Fensterfront auf. Zur Rechten die historischen Stadtmauern von Saint-Malo mit der Môle des Noires. Auf der anderen Seite des Mündungstrichters der Rance die Belle-Époque-Stadt Dinard mit ihren eleganten Villen auf den Felsen. Und ganz nah, quasi direkt unterhalb der Tische, der lebendige Hafen der Korsarenstadt. Gerade nähert sich gemächlich die Fähre aus England und im Stundenrhythmus kommt und geht auch das Shuttleboot nach Dinard. Ein Kreuzfahrtschiff ankert weiter entfernt in der Bucht und kleine Begleitboote bringen die Passagiere zur Stadtexkursion. Vor lauter Sehen und Staunen wird das Essen kalt oder man vergisst gar die Bestellung. Eine historische Segelyacht hat jetzt im Hafen festgemacht, die Crew refft die Segel und schafft Proviant an Bord. Nussschalen mit Außenborder wuseln durch das Hafenbecken, fahren zu Schiffen, die weiter draußen liegen, wo sie bei Ebbe noch Wasser unter dem Kiel haben. Um bis zu 12 Meter steigt und fällt das Meer hier an der Küste und im Hafen von Saint-Malo. Wenn die Flut kommt, ist man im Amiral vielleicht gerade beim Dessert angelangt und dann tanzen die Schiffe, die Fischer- und die Arbeitsboote, die großen Fähren und die Segelyachten, beinahe auf Tischhöhe vor einem. Und wenn während der warmen Jahreszeit die Außenterrasse geöffnet hat, dann sind die Besatzungen nur noch eine Armlänge von den Tellern entfernt. Das Ambiente des Fährenterminals und der Trockendocks von Saint-Malo ist eher rustikal-industriell, und es überrascht, hier auf ein Restaurant wie das Amiral zu stoßen. Ein Ort zum Träumen und Genießen, zumal die Speisekarte lokale und saisonale Produkte sowie Fisch und Meeresfrüchte bevorzugt. Magische Blicke auf einen pulsierenden Hafen und ein von den Gezeiten getriebenes Meer sind im Menü inbegriffen.

TIPP Am besten entdeckt man die Korsarenstadt bei einem Rundgang über die alten Stadtmauern der Ville Close.

L'Amiral, Gare Maritime de la Bourse, F-35400 Saint-Malo, Tel. +33 2 23 15 61 65

Bilderwände

39 *Fotofestival in La Gacilly*

Jeden Tag laden 80 Millionen Menschen ihre Fotos auf Instagram hoch. Warum dann noch ein Festival besuchen, wo doch alles online und mobil zu haben ist? Die 350.000 Besucher des größten Open-Air-Fotofestivals in Frankreich entscheiden sich dennoch in jedem Jahr anders. Sie reisen in das 2000 Einwohner zählende bretonische Städtchen La Gacilly und trauen hier ihren Augen nicht. Seit 2004 verwandeln in jedem Jahr Hunderte großformatiger künstlerischer und dokumentarischer Fotografien von Juni bis September die Granitfassaden und Gärten der pittoresken Häuser in einen öffentlichen Kunstraum. Die fotointeressierten Besucher kommen nach La Gacilly, um sich berühren und inspirieren zu lassen. Und um ihre ästhetischen Eindrücke in Workshops und auf Veranstaltungen zu vertiefen. Analog schafft Nähe. Während der Schau mit dem Fokus auf Umwelt- und Nachhaltigkeitsthemen verwandeln bis zu 70 Quadratmeter große Aufnahmen die Straßen, Hauswände, Parks und Gärten von La Gacilly in einzigartige Bilderwelten, beindrucken und verführen mit der sinnlichen Magie des fotografischen Moments. Im Jahr 2019 waren 50 Jahre nach dem Fall der Mauer Fotografen aus Russland und Osteuropa eingeladen, ihre Perspektiven auf die Globalisierung zu zeigen. Die Bilder frieren die Zeit und die Schönheit und Zerbrechlichkeit unseres Planeten ein. Sie vermitteln, was wir ihm antun und zeigen, wie sich Menschen für ihn engagieren, erläuterte Jacques Rocher, der Schirmherr des Festivals. Sein Vater Yves brachte die Produktion von Naturkosmetik und damit 3000 Arbeitsplätze in die von Abwanderung gezeichnete bretonische Provinz. Jacques Rocher ist Präsident der Fondation Yves Rocher und Bürgermeister von La Gacilly. Er will seinem Geburtsort etwas zurückgeben und hat mit seinem Team sowie einem eindrucksvollen Netzwerk von Sponsoren und (Medien)-Partnern das Festival zu einem respektablen europäischen Fotografie- und Kulturevent gemacht.

TIPP Im öffentlich zugänglichen Botanischen Garten von Yves Rocher wachsen die Rohstoffe für Naturkosmetika.

Festival La Gacilly, F-56200 La Gacilly

MAISON D
PHOTOGRA
ZONE
30

Marines Sorglospaket

40 *Coper Marine in Trédarzec bei Tréguier*

Können Läden Wunderkammern sein und Einzelhandelsgeschäfte Kultstatus haben? Müssen sie dafür auf Moden und Trends setzen und aus dem Shoppen ein Event machen? Weit gefehlt. Der maritime Supermarkt Coper Marine in Tréguier macht es vor: Hält ein attraktiver Ort, der noch dazu ein wenig Geschichte hat, wirklich nützliche und auch ausgefallene Dinge vor, dann stehen seine Marktchancen nicht schlecht. Kommen dazu noch Flair, Aura und eine zugewandte Beratung, ist der Erfolg mit Händen zu greifen. Im Coper Marine finden Seebären und Skipper, Angler und Wetterfrösche, Strandläufer und Klabautermänner alles, was sie an Land und an Bord benötigen. Köder und Stiefel, Netze und Klampen, Seile und Angeln, Lichter und Winden, Jacken und Hosen und, und, und. In einer alten Gezeitenmühle, die etwa zwei Jahrhunderte lang und noch bis zum Zweiten Weltkrieg in Betrieb war, und im Schatten der Bogenbrücke über den Fluss Jaudy gelegen, ist der gut sortierte Gemischtwarenladen fürs Maritime mit seinen 40.000 Produkten und Accessoires eine Institution in Frankreich. Wer die Eingangstüre öffnet, den quietschenden Parkettboden betritt und die Gerüche von Gummi, Kleidern, Farben, Kunststoff- und Hanfseilen einatmet, sieht zunächst den Wald vor lauter Bäumen nicht, um sich dann in den Regalen und entlang der Ständer, Boxen und Auslagen zu verlieren. An den Decken hängen Bojen, Folien und Farbeimer, und wer sich für schicke Outdoor- und Funktionskleidung interessiert, nimmt die Treppe in den ersten Stock. Soizig und Erwann Mall haben das Geschäft im Jahre 2001 von seinen Gründern übernommen und es zu einem Spezialkaufhaus weiterentwickelt. Prominente Kunden kommen von weit her, selbst der belgische König hat den Weg nicht gescheut. Seine Frau habe einen Fleecepullover für 30 Euro gekauft, erinnert sich Soizig. Und auch Landratten sind verführt, hier zu tief ins Portemonnaie zu greifen.

TIPP Es macht großen Spaß, den Gezeitenfluss Jaudy mit dem Paddelboot zu erkunden.

Coper Marine, Pont Canada, 7 Rue de Traou Meur, F-22220 Trédarzec
www.coper-marine.com

6€00

Spur der Steine

41 *Pointe de Penhir auf der Presqu'île de Crozon*

Bei sonnigem Wetter ähneln sie schwimmenden Makronen. Wenn es jedoch regnet oder Dunst und Nebel über die Küstenzone wabern, werden sie zu bedrohlichen Riffen. Die Tas de Pois, die Erbsenhaufen, liegen vor der Pointe de Penhir, was im Bretonischen so viel wie lange Spitze bedeutet. Die 70 Meter hohe Landmasse aus Granit an der Spitze der Presqu'île de Crozon fällt steil ins Meer, was hin und wieder ein paar Kletterer zu einem nicht ganz risikolosen Training ermuntert. Die Felskette läuft unter dem Meeresspiegel weiter in den Ozean und nur diese drei Kegel bleiben von ihr sichtbar. Sie fügen sich in ein spektakuläres Panorama ein. Auf einer Seite kommen die vom Meer umtosten Kaps der Halbinsel Crozon in den Blick, auf der anderen Seite liegt das Cap Sizun mit der Pointe du Van, der Pointe du Raz und der Baie des Trépassés. Und dann ganz weit draußen im Atlantik die Insel Ouessant, deren Konturen man meist nur erahnen kann. Diese magische Küstenzone gehört zum Massif armoricain und hat 2 Milliarden Jahre auf dem Buckel. Daher darf die Crozon-Halbinsel das prestigeträchtige UNESCO-Welt-Geo-Park-Label tragen. Auch für Wissenschaftler ist sie interessant: Steine, Felsen, Grotten und Klippen erzählen hier von der Entstehung der Welt und ihre Geodiversität lockt jährlich viele Forscher an. Auf populäre Weise macht das Maison des Minéraux mit seiner Steinesammlung einige ihrer Erkenntnisse einer größeren Öffentlichkeit zugänglich. Wie an so vielen Orten der bretonischen Küste liegen jedoch Glück, Faszination und Tod nah beieinander. Auf dem benachbarten Landfinger stehen mächtige Schiffsanker und erinnern an die vielen Opfer der Atlantikschlacht im Zweiten Weltkrieg. 5125 Schiffe und 45.000 Seeleute haben die Torpedos der deutschen U-Boote in die Tiefe gerissen. Einen Felsvorsprung weiter steht ein von de Gaulle 1951 eingeweihtes Mahnmal für die gefallenen, häufig bretonischen Männer der Freien Französischen Seestreitkräfte (F.N.F.L.).

TIPP Die Plage de la Palue auf Crozon ist ein besonderer Ort zum Schwimmen und Wandern.

Pointe de Penhir, F-29570 Camaret-sur-Mer

Mit und ohne Handicap

42 Golf-Clubhaus in Saint-Briac-sur-Mer

Oh! Die Reise von Paris nach Dinard – man muss es tun, um es zu glauben. Es ist ein Gedicht, der erste Spaziergang am Rande dieses Golfplatzes. Himmel und Meer in tiefblauem Indigo und die Felsen und Inselchen, die aus der friedlichen See aufsteigen, sind rot wie die an der Mittelmeerküste. Zum Ende des 19. Jahrhunderts brachte Pierre Gaffard, der renommierte Sportjournalist von *Le Figaro*, diese Eindrücke vom Monaco des Nordens mit zurück in seine Pariser Redaktion. Es war die Zeit, als britische Adelige und Militärs im Ruhestand die bretonische Smaragdküste als ihren Ort der Sommerfrische entdeckten. Sie gründeten nicht nur den ersten französischen Tennisclub und machten den Segelsport populär, sondern suchten auch ein Gelände für ihr *game of the game.* Und fanden dafür ein 50 Hektar großes Dünengelände an der Küste von Saint-Briac. 1887 vollendete der damals bekannte schottische Golfplatzarchitekt Tom Dunn das hochgelobte Landschaftslayout des Geländes. Der Platz mit den 18 direkt am Ozean gelegenen Löchern ist der zweitälteste in Frankreich und zählt bis heute zu den attraktivsten in Europa. Im Jahr 1890 schrieb die britische *Saturday Review: Die sandigen Böden machen ihn zum besten Platz in Frankreich und zu einem Mekka des seaside golf.* Zu dieser Zeit war noch keine Rede vom imposanten Clubhaus der Anlage. Erst im Jahre 1927 übergab es der Architekt und Art-Déco-Spezialist Marcel Oudin den Clubmitgliedern. Mittlerweile steht es unter Denkmalschutz. Der Blick aus der öffentlichen Bar dieses distinguierten und zugleich unprätentiösen Ortes geht hinaus aufs Meer, auf das Cap Fréhel mit seinem mehr als 100 Meter hohen Leuchtturm, auf Landfinger und Dünen, Buchten und Inseln, gegen die der Ozean anbrandet. Ein paar Golfspieler sind auf den Grüns unterwegs, ziehen ihre Karren hinter sich her und die Fähnchen an den Löchern zappeln unruhig im Wind. Ein paar Bäume gibt es auch, von den robusten Stürmen in Schieflage gebracht.

TIPP Die Strandbar Copacabana ist ein Platz für Tagträume – die Blicke schweifen über Boote und Meer.

Dinard Golf, 53 Boulevard de la Houle, F-35800 Saint-Briac-sur-Mer

DINARD
GOLF

Unter Vögeln

43 *Hitchcock-Statue in Dinard*

War es wirklich dieses verwunschene Gebäude, das den *master of suspense* zu seinem kinematografischen Meisterwerk inspiriert hat? Die Villa Rochebrune oben auf den Felsen über Dinard könnte es jedenfalls gewesen sein. Vielleicht haben hier tatsächlich *Die Vögel* fliegen gelernt, wie es Gerüchte behaupten. Die geheimnisvolle und teils etwas düstere Stimmung der hoch über dem Meer gelegenen Belle-Époque-Villen legt diese Spekulation durchaus nahe. Mit dem britischen Regisseur ist Dinard jedenfalls auf besondere Weise verbunden. Wenn hier im Herbst jedes Jahres anlässlich des Festival des britischen Films, internationale Prominenz über den roten Teppich läuft, dann hoffen alle auf eine besondere Auszeichnung. Die Gewinner erwarten keine Oscars, sondern 20 Zentimeter große goldene Hitchcocks. Die Hände in den Hüften, ein stolzer Blick, ein Vogel auf seinen Schultern und ein imposanter Bauch: Die kleinen Trophäen haben den Regisseur zweifellos gut getroffen. Wie auch die lebensgroße Bronzestatue, die seit dem Jahre 2009 an der Plage de l'Écluse steht und das Meer fest im Blick hat. Auch sie ist von Vögeln umschwebt, von Strandmöwen, deren Hinterlassenschaften dem Bronze-Hitchcock die notwendige Patina geben. Und eine Bank unterhalb lädt zum Verweilen ein. Geschaffen hat die Statue der Bildhauer Lionel Ducos. Sie wurde jedoch im Jahr 2004 durch einen heftigen Sturm vom Sockel gefegt und es musste eine robustere Replik her. Denn Hitchcock, der Repräsentant des britischen Films, ist der abwesende Schirmherr dieses besonderen Events der Branche. Wenn sich Stars und Sternchen im Palais des Arts des eleganten Seebads gegenüber von Saint-Malo ein Stelldichein geben, dann füllen zugleich Tausende Besucher die Kinos der Stadt. Anschließend schauen sie auch mal im Festivalpalast mit Seeblick vorbei. Denn Dinard ist anders als Cannes. Es ist die intime, informelle und unprätentiöse Atmosphäre, die leinwandbegeisterte Bretonen an ihrem britischen Festival besonders schätzen. *Camera on, Sir Alfred!*

TIPP Vom Café Le Sunset an der Plage de l'Écluse könnte man einen Kopfsprung in das Meeresschwimmbad machen.

Hitchcock-Statue, 1 Promenade des Alliés, F-35800 Dinard

Urbanes Idyll

44 *Parc du Thabor in Rennes*

Auf dem Spielplatz toben ein paar Kinder, vor der Orangerie liest ein Mann in seinem Buch, auf einer Bank im Französischen Garten sind zwei Freundinnen in einen Plausch vertieft und in den Wiesen des Englischen Landschaftsgartens packen ein paar Schüler gerade ihr Picknick aus. Mittagspause im Parc du Thabor. Keine Siesta halten hingegen ein paar Pflanzenfreunde, die im Botanischen Garten von Staude zu Staude unterwegs sind. Französisch – Englisch – Botanisch: Diese Dreifaltigkeit hat der 10 Hektar große Stadtpark von Rennes zu bieten. Sein Name geht auf den israelischen Berg Thabor zurück. Als im 17. Jahrhundert Benediktinermönche auf dem Hügel über Rennes eine Abtei gründeten, schauten sie für die Namensgebung ins Heilige Land, wo auf dem Thabor die Verklärung Jesu Christi stattgefunden haben soll. Der Obstgarten der Mönche wird die Keimzelle des zukünftigen Parks, eines Areals für Gartenkunst, das heute zu den attraktivsten in Frankreich zählt. Dank des milden bretonischen Klimas gedeihen hier Rosen, Dahlien, Chrysanthemen und Hortensien besonders gut und an jeder Ecke breiten riesige Lärchen, Ginkgos, Lindenbäume und Zedern ihre Äste über die Wiesen. Zentrale Blickachsen geben überall die Sicht auf Statuen und Skulpturen frei. An heißen Tagen lässt es sich auf den schattigen Bänken am Wasserfall gut aushalten, und sonntags kommt man gerne zu Musikveranstaltungen – vor dem historischen Konzertpavillon stehen schon die Stuhlreihen für die Besucher bereit. Ein Rosengarten mit fast 1000 unterschiedlichen Sorten füllt die Luft mit süßem Duft und an der Voliere stecken Eltern und Kinder ihre Nasen gemeinsam durch den Vogeldraht. Der spiralförmig angelegte Botanische Garten weist 3200 Pflanzenarten aus fünf Kontinenten auf, die hier alle prächtig wachsen und blühen. Noch in den 1920er-Jahren hatten übrigens nur Männer Zugang zum Park. Heute erreichen ihn Personen jeden Geschlechts zu Fuß vom Stadtkern aus in nur 15 Minuten.

TIPP Am Parkeingang lädt das Café-Restaurant La Terrasse du Thabor zu einer Verschnaufpause ein.

Parc du Thabor, Place Saint-Mélaine, F-3500 Rennes

S.P.J.

Große Klappe – viel dahinter

45 *Muschelbänke in Saint-Jacut-de-la-Mer*

Das soll es gewesen sein? Diese schier endlose Wasserfläche? Enttäuscht will man sich schon abwenden. Aber dann kommt die Ebbe, das Wasser beginnt langsam abzulaufen und auf einmal tauchen lauter schwarze Punkte auf, bilden lange Linien. Wie wuchtige Nägel mit überdimensionierten Köpfen. Das Meer hat es jetzt eilig, immer schneller zieht es sich zurück. Aus den schwarzen Punkten werden dunkle Holzpfähle, von braunen und grünen Algen überzogen. Von Minute zu Minute werden sie mächtiger. Robust sind sie und zugleich filigran. Sie spiegeln sich im Wasser und werfen lange Schatten in der Abendsonne. Das Meer hat sich jetzt fast ganz zurückgezogen, das Watt ist viele Kilometer tief, Hunderte Meter breit. Hier und da hat das ablaufende Wasser kleine Seen hinterlassen, Rinnsale durchziehen den Sand, ein paar Strandvögel suchen im Schlick nach Beute. Und mittendrin diese Land-Art-Installation. Die Holzpfähle stehen jetzt ganz im Trockenen, tun sich in stimmigen Proportionen zu Clustern zusammen, bilden Muster, deren Linien sich in der Weite verlieren. Seit wann sind Muschelbauern Experten für Geometrie? Da ist Ruhe, da sind Rhythmus und Energie. War da nicht eben noch die Flut, diese Wasserfläche, die alles zudeckte? Was ist davon in dieser endlosen Weite geblieben? Nur ein paar mäandrierende Priele entwässern noch immer die riesige Bucht. Symmetrie kommt aus dem Griechischen, wo die Wortsilbe *syn* für zusammen und *metron* für das rechte Maß steht. Hier, in den Muschelbänken von Saint-Jacut, finden Achsen und Linien, Punkte und Objekte, Raum und Fläche zu einer Ordnung. Wenn Symmetrie ein wichtiges Kriterium für Schönheit ist, dann trifft dies für die Muschelbänke zweifellos zu. In ihnen bei Ebbe spazieren zu gehen, kommt einer Zen-Meditation gleich. Für diese Atmosphäre von Balance und Ausgewogenheit, von Beharrung und Bewegung bleibt jedoch nicht allzu viel Zeit. Die nächste Flut wird alles zudecken, aber zum Glück kommt ja wieder die Ebbe.

TIPP Ein Wattspaziergang zu den Îles Ébihens mit atemberaubenden Ausblicken ist ein besonderes Erlebnis.

Muschelbänke, F-22750 Saint-Jacut-de-la-Mer (an der westlichen Spitze des Landfingers)

Süße Aussichten

46 *Les Thés d'Emma in Saint-Cast*

Gastronomische Etablissements haben Gäste, einige haben auch Stammgäste. Die Teestube Les Thés d'Emma in Saint-Cast hat Groupies. Ihren internationalen Fanclub verdankt sie nicht allein ihrer Lage. Obwohl die spektakulär ist. In einem Steinhaus am Ortsrand und oberhalb von Strand und Hafen untergebracht, können die Gäste ihren Blick über die Bucht von Saint-Cast bis Dinard und Saint-Malo schweifen lassen. Inmitten von Blumenkübeln, blühenden Pflanzen, Stauden und Pflanzenbottichen findet man im halbwilden, terrassierten Garten der Teestube eine Oase der Ruhe. Und unmittelbar darunter breitet sich der lebendige, weite Sandstrand aus. Seit dem Jahre 2007 betreibt die ehemalige Französischlehrerin Joëlle mit ihrem Lebensgefährten Patrick diesen familiären und zugleich exotischen Ort. Ist das Wetter zu launisch für den Garten, nehmen die Gäste in der guten Stube Platz. Und können wählen zwischen Tees aus China, Indien und Kenia, hausgemachten Kuchen und Trüffeln. Und man muss sich nur umsehen, um an den vielen Reisen der Gastgeber teilzuhaben. Die Kommoden schmücken balinesische Statuen, auf der Fensterbank hat eine Buddhafigur die Ruhe weg. Kristall und Silberwaren aus anderen Kulturen zieren die mit pittoresken Tüchern bedeckten Tische. Die Originalität der Dekoration und die der angebotenen Gerichte erzählen von Entdeckungen des Paares in der Ferne. Immer wieder kreiert Joëlle mit Begeisterung neue Rezepturen. Ihr erfolgreicher Longseller sind die hausgemachten Marmeladen, die Besucher gern als Geschenk oder zum Selbst-Vernaschen mitnehmen. Dass auch ihre Weihnachtskonfitüre vom Feinsten ist, hat sich inzwischen herumgesprochen. Ein Gast beschreibt dieses sinnliche Feuerwerk so: *Jeder Bissen ist anders, man spürt die Süße des Apfels und die knackige Vielfalt aus Hasel-, Walnüssen und Orangenschale, von Kirschen und kandiertem Ingwer. Zusammen mit Geflügel, Gänseleberpastete oder Käse ist das ein Gedicht.*

TIPP Schlägt man die Pierres Sonnantes am alten Hafen von Saint-Cast leicht an, dann erklingen die Rundlinge.

Les Thés d'Emma, 13 Rue de la Feuillade, F-22380 Saint-Cast-le-Guildo, Tel. +33 2 96 41 88 21

Über Stock und Stein

47 *Sillon de Talbert bei Pleubian*

Sie stehen auf einer nur 35 Meter breiten Landzunge mitten im Meer. Ganze 3 Kilometer trennen Sie vom sicheren Festland. Der 360-Grad-Blick lässt Ihren Atem stocken. Inseln und Geröll liegen vor Ihnen und an der Küste zeichnen sich im Dunst Traumstrände ab. Wo ist man hier, in einem Felsenmeer, auf einer Schotterpiste, in einer Mondlandschaft, einer Steinwüste oder einem ganz besonderen Naturschutzgebiet? Für den Sillon de Talbert, die weit ins Meer hinausragende, sehr schmale Landzunge mit der Gestalt eines Ausrufezeichens, sind die beiden Flüsse Trieux und Jaudy verantwortlich. Ihre gegenläufigen Strömungen haben hier über Tausende von Jahren hinweg Kiesel, Sand und Steine angeschwemmt und so ist dieser Landfinger entstanden. Der markierte Fußweg an seine Spitze, von der aus man den Leuchtturm Phare des Héaux erblickt, ist nicht lang, aber ein wenig beschwerlich. Bei Flut verengt er sich und das Wasser kommt fast schon gefährlich nahe. Läuft man zunächst auf einem Dünenpfad, geht es dann weiter über Stock und Stein. Blaudisteln, Seekohl und Seerettich gehen am Wegesrand vor den heftigen Winden in Deckung. Brachvögel, Steinwälzer und Kormorane kreisen über den Köpfen und suchen nach Nistplätzen. Das Blau-Grau des Meeres und die dahintreibenden Wolken verschwimmen ineinander, sind kaum zu unterscheiden. Sind Sie bei Ebbe unterwegs, treffen Sie draußen im Watt auf Strandfischer, die nach Venusmuscheln, Krabben und Garnelen suchen. Bei Flut ist der Ozean ganz nah. Wie lange wird es den fragilen Landfinger noch geben? Die heftigen Stürme haben in den letzten Jahren eine Wasserpassage in ihn gerissen, was seine Erosion beschleunigt. Ganz vorne an seiner Nadelspitze verliert der Sillon de Talbert Jahr um Jahr 15 Zentimeter. Das *Conservatoire du Littora*l hat dieses geo-morphologische Wunderwerk längst unter Naturschutz gestellt. Ob Anpflanzungen, Befestigungsarbeiten sowie strenge Auflagen für Besucher und Nutzer es richten können?

TIPP In der Crêperie La Combuse in Kermouster hat man einen guten Blick auf den Archipel der Île de Bréhat.

Sillon de Talbert, Maison du Littoral, 48 Rue du Sillon de Talbert, F-22610 Pleubian, Tel. +33 2 96 16 54 67

Großes Finale

48 *Fischauktion in Le Guilvinec*

Sie heißen Maris Stella, Gwenn Emma, Harmonie oder Tri Yann und für ihren Einlauf in den Hafen von Le Guilvinec hat sich eine imposante Schar von Menschen versammelt. Auf der großen Plattform über den Quais warten in den Sommermonaten an jedem späten Nachmittag eines Wochentages Hunderte Neugieriger auf das große Finale. Wie an einer Schnur aufgezogen, sind die farbenfrohen Boote der Küstenfischer schon jetzt am Horizont zu sehen. Dann kommen sie näher, eins nach dem anderen, umfahren den roten Leuchtturm und machen unmittelbar unterhalb der Besucherterrasse fest. Um 16 Uhr beginnt ihre Auktion, die *criée côtiere*. Jetzt geht erst mal das Entladen los: Seeteufel mit weit aufgerissenen Mäulern, dunkel gefärbte Tintenfische, gefleckte Katzenhaie und vereinzelt auch Hummer, viele Kisten mit Langusten – es ist ein großes Spektakel. Der Kapitän eines Trawlers lotst seine Fracht sorgsam durch die Ladeöffnung, dann nimmt der Kranführer die prall gefüllten Kisten an den Haken. Le Guilvinec, das bretonische Zentrum für Küstenfischerei, ist bekannt für die gute Qualität des Seeteufels, der *lotte,* die 35 Prozent der hier versteigerten Ware ausmacht. Wie viel davon haben sie wohl diesmal an Bord? Rollwagen befördern die bunten, bis oben mit Fisch gefüllten Plastikkisten in die Auktionshalle. Schwanzflossen von Rochen ragen aus Eissplittern hervor, Petersfische, Knurrhähne und Seezungen sind eng gestapelt. Auch ein paar pensionierte Küstenfischer sind gekommen und legen mit Hand an, greifen zu den Handkarren, sind beim Festmachen der Boote behilflich und packen beim Stapeln der Kisten zu. Dann stehen sie wieder in kleinen Gruppen zusammen, plaudern, begutachten den Fang und holen sich schließlich bei den Fischern die Belohnung für ihre Hilfe ab – ein oder zwei große Fische oder sogar mal einen Hummer. Insgesamt werden in Le Guilvinec pro Jahr an die 20.000 Tonnen Fisch angelandet, verkauft und verarbeitet, mit einem Gesamtumsatz von rund 76 Millionen Euro.

TIPP Das Fischerei-Erlebnismuseum Haliotika erzählt von Le Guilvinec und seiner maritimen Tradition.

Fischauktion, Terrasse panoramique, Le port, F-29730 Guilvinec

PROPRIETE .CCI. QUIMPER
PROPRIETE .CCI. QUIMPER

Heimspiel für Flaneure

49 *Promenade du Clair de Lune in Dinard*

Die Zedern stammen aus dem Atlasgebirge und die Kiefern aus dem Himalaya. Der Palmenhain hatte zuvor in der Pariser Kolonialausstellung des Jahres 1931 seinen Platz. Die Promenade du Clair de Lune, die Promeniermeile in Dinard, die auf mehreren Kilometern an der Bucht entlang verläuft, hat mediterranes Flair. Dazu tragen auch die prächtigen Belle-Époque-Villen und schmucken Hotels im Nizza des Nordens bei. Am Ende der Mondscheinpassage blickt man auf die Festungsstadt Saint-Malo, die Halbinsel Saint-Servan und die von den Gezeiten bewegte Mündung der Rance. Der Strand Le Prieuré, die Pointe du Moulinet und die beliebte Plage de l'Écluse warten auf 2 Kilometern Länge mit bronzenen Reliefs bretonischer Künstler auf. Dinard, auch die Elegante genannt, hat den diskreten Charme der Bourgeoisie. Ab Mitte des letzten Jahrhunderts wurde die Stadt als Sommerfrische attraktiv für Wohlhabende, darunter viele Engländer, die sich repräsentative Villen auf den Anhöhen über dem Meer errichten ließen. Casino, Kunstgalerien und Hotels, auch ein Golfplatz – nach und nach fehlte es in Dinard an nichts mehr für den distinguierten Lebensstil. Dazu gehörte auch das Flanieren auf der Promenade du Clair de Lune, deren Charme sich bis heute erhalten hat. An langen Sommerabenden wird sie zu einem magischen, bisweilen auch überfüllten Ort. Straßenmusiker performen Weltmusik und Jazz, Chöre treten auf und kleine Ensembles intonieren Opernarien von George Bizet bis Richard Wagner. Dann vibriert die Atmosphäre, verliebte Paare können ihr Glück kaum fassen, Eltern schieben entspannt ihre Kinderwagen vor sich her und Touristen lauschen begeistert der Musik. Draußen auf dem Wasser kreuzen Segler und Motorboote, die abendliche Sonne taucht die Stadtmauern von Saint-Malo in Rot und Braun. Wenn es dann dunkel wird, fällt aus Strahlern Licht auf die Rabatten aus Mimosen, Rosen und Rhododendren – ein Stich ins Kitschige, der dem bunten Treiben der Flanierenden keinen Abbruch tut.

TIPP Im Restaurant des Yachtclubs blickt man auf die Bucht und die spektakuläre Silhouette von Saint-Malo.

Promenade du Clair de Lune, F-35800 Dinard

Volle Power

50 *Golfe du Morbihan*

Es soll Menschen geben, die beim ersten Anblick des Meeres den Tränen nahe sind. Oder angesichts der Weite und der Gewalt des Wassers mit ihren Gefühlen von Angst und Glück, von Sehnsucht und Verlusten ringen. An einer Meerenge im Süden der Bretagne kann man diese Stimmungen besonders gut nachfühlen. Wir sind am Golfe du Morbihan, dort, wo ein Nadelöhr, eine nur etwa 1 Kilometer breite Passage zwischen der Pointe de Kerpenhir und Port-Navalo, das *mor bihan*, das kleine Binnenmeer des Golfs, vom großen Meer, dem Atlantik, trennt. Hier zeigen die Gezeiten, wozu sie fähig sind. Ein Drittel der rund 20.000 Hektar umfassenden Fläche des Golfs fällt bei Ebbe trocken und wird zu Watt, Feuchtwiesen und Sandstrand. Bis dann erneut die Flut kommt. Gigantische Wassermassen kommen und gehen, drängen zweimal täglich durch diese schmale Meerenge. Strömungen mit einer Geschwindigkeit von bis zu 4 Metern pro Sekunde verwandeln das Wasser in eine brodelnde Energiesuppe. Das Meer schillert in allen möglichen Blautönen, es bäumt sich auf, es schnaubt und schäumt, bildet Strudel, Wirbel und Mahlströme. Das macht die Passage riskant, weshalb die vielen Yachthäfen im Golf auch Lotsendienste für Freizeitkapitäne anbieten. Nur an wenigen Stellen in Europa gibt es Gezeitenströme mit einer vergleichbaren Energie. An der Pointe de Kerpenhir wird man Zeuge dieses atemberaubenden Spektakels, besonders dann, wenn die Flut in die Inselwelt des Golfes hereindrückt und die Ebbe mit ihren Kräften dagegenhält. Es blubbert und gluckst, brodelt und murmelt, siedet und tanzt wie in einem gigantischen Kochtopf. Holzstücke driften wie verrückt im Kreis, lange Algenwedel zappeln in der Strömung. Gischt und weiße Wellenkämme im stahlblauen Meerwasser. Auch unter Motor kommt das fragile Holzboot eines lokalen Fischers kaum von der Stelle. Yachten werden auf ihrem Weg in den offenen Ozean dagegen doppelt so schnell. Ein Glück, festen Boden unter den Füßen zu haben.

TIPP Eine Reise in prähistorische Zeit macht man zum Cairn, einer Grabstätte mit rätselhaften Gravuren.

Golfe du Morbihan, 83 Route de Kerpenhir, F-56740 Locmariaquer

Schrecklich schön

51 *Villa Margaret in Lorient*

Kann ein Ort, an dem der U-Boot-Krieg Nazi-Deutschlands geplant wurde, ein Glücksort sein? Eine von der deutschen Marine requirierte Villa, in der ihr Oberbefehlshaber, Großadmiral Dönitz, seinen Befehlsstand hatte und von wo aus er die Tauchboote in die mörderische Atlantikschlacht schickte? Die Villa Margaret im Stadtteil Larmor-Plage von Lorient gehört zum Ensemble dreier im 19. Jahrhundert erbauter großbürgerlicher Anwesen, den Kernevel-Villen. Im Volksmund hießen sie auch Châteaux des Sardines, weil sie einst ein vermögender Fischhändler für seine Familie hatte erbauen lassen. Im Herbst 1940 wurden diese repräsentativen Bürgerhäuser zum Wohnort und zur Befehlszentrale des deutschen Generalstabs unter Dönitz. Der musste nur einen Blick aus dem Fenster werfen, um den Bau der gigantischen U-Boot-Bunker und Wehranlagen direkt gegenüber im Hafen von Lorient in Augenschein zu nehmen. Dönitz pendelte tagsüber zwischen dem großen Wohnzimmer und einem halb vergrabenen Bunker unter der Villa Kerlilon, dem Nachbarhaus der Villa Margaret. Hier entwarf er seine Angriffspläne und insbesondere die berüchtigte Rudeltaktik, die darin bestand, dass mehrere U-Boote im Verbund ausschwärmten und dann auf eigene Faust agierten, was die Verluste von Soldaten und Matrosen auf allen Seiten in die Zehntausende hochtrieb. Nach Kriegsende ist Dönitz einer der 24 Angeklagten in den Nürnberger Prozessen. Weil er Order gegeben hatte, keine Seeleute von Rettungsschiffen versenkter Schiffe zu bergen, wird er zu zehn Jahren Gefängnis verurteilt. Heute sitzen in der Lounge und in den Ledersesseln der stilvollen Villa Margaret internationale Gäste, trinken ihren Café au Lait und schauen immer noch hinüber zur Festung La Base, die die Alliierten während des Krieges nicht zerstören konnten und die – wie die Villa Margaret – jetzt ganz unkriegerischen Zwecken dient. Ja, die Menschen in diesem Café können sich wirklich glücklich schätzen, in einem friedlichen Nachkriegseuropa zu leben!

TIPP In Lorient per Schiff der CTRL nach Port-Louis in das Musée de la Compagnie des Indes.

Villa Margaret, Port Kernevel, F-56260 Lorient (Ortsteil Larmor-Plage), Tel. +33 9 53 16 37 79

Rosa in tausend Nuancen

52 *Der Würfel an der Côte de Granit Rose*

Eigentlich müsste er herunterfallen. Aber *le dé,* der Würfel, schwebt vor Trégastel auf seinem Felsfundament, als gäbe es die Gesetze der Schwerkraft nicht. Auch die *palette du peintre,* die Malerpalette, dürfte sich nach Newton eigentlich nicht oben halten. An der Côte de Granit Rose zwischen Perros-Guirec und Trébeurden türmen sich auf knapp 15 Kilometern Küstenlänge gewaltige Felsmassen zu einem außergewöhnlichen Naturspektakel auf. Mal sieht es aus wie nach einer Sprengung, die kleine, große und riesige Brocken in einer chaotischen Szenerie hinterlassen hat, dann wieder sind die Steine kunstvoll aufeinandergeschichtet. Hat Obelix hier seine Hinkelsteine abgeladen? Oder waren Riesen als Bildhauer tätig und haben Gesichter, Gestalten und Tiere in den Granit gehauen? Die Steine wirken, als wären sie aus einer anderen Welt auf die Erde gefallen, ihr Schöpfer könnte der surrealistische Maler René Magritte sein. Tatsächlich ist die Felslandschaft der rosa Granitküste eine uralte Schönheit, vor etwa 300 Millionen Jahren aus einem mehrere 1000 Meter hohen Gebirge entstanden und einer der wenigen Orte auf der Welt, wo der Rosengranit in so großer Menge zutage getreten ist. Inmitten der Kolosse gibt es viel zu entdecken: zum Beispiel eine *tortue*, eine Schildkröte, auch einen *tas de crêpes,* einen Pfannkuchenhaufen, eine Hexe oder Napoleons Hut. Aber mehr Spaß macht es – vor allem Kindern – selbst zu raten und zu entdecken, was die Steine darstellen könnten: einen Hasen? Oder einen schlafenden Dinosaurier? Eine Nase wie die von Papa? Manche Felsbrocken sind groß wie ein Wohnzimmer und man kann durch sie hindurchlaufen. Weniger beachtet bleibt, dass sich hinter der Postkartenansicht der Felsenküste ein Wirtschaftszweig verbirgt. Der Granit prägt als Baustoff das Gesicht von Landschaft und Orten in der Bretagne. Landsitze, Bahnhöfe, Hafenkais, Kirchen, Schlösser und Leuchttürme sind aus ihm gestaltet – meist in Schiefergrau, aber häufig auch im Rosenfarbton der Côte de Granit Rose.

TIPP

In Lannion zieht sich donnerstags ein lebendiger Markt durch die ganze Innenstadt.

Le dé, Côte de Granit Rose, F-22730 Trégastel (Der besonders spektakuläre Abschnitt des Zöllnerpfads verläuft von Perros-Guirec bis Trégastel. An vielen Stellen gibt es Parkplätze.)

Am Brennofen

53 *Künstlerin Valérie Le Roux in Concarneau*

Dieses Geschirr ist ein echter Hingucker. Stilisierte Fischköpfe in leuchtenden Farben dekorieren Teller, Schalen und Becher, Muster von Algen zieren Schüsseln und Vasen. Die Anregung für ihre Tonarbeiten findet Valérie Le Roux direkt vor der Tür, an der Küste von Concarneau und auch im Meeresaquarium des Hafenstädtchens. Kunstkritiker sagen, Valérie Le Roux gebe der langen bretonischen Keramiktradition neue Impulse. In all ihren Arbeiten spürt man die Energie des Ozeans. Blau, Rot, Grau und Orange: Es braucht bis zu sechs Schichten, bis ihre Objekte zu leuchten beginnen. *Man weiß im Übrigen nie,* sagt Le Roux, *was die Hitze im Brennofen wirklich anrichtet. Manchmal holen wir auch nur Bruchstücke heraus.* Ihre Intuition für Formen, Farben und Materialien kommt aus der Familientradition. Ihre Eltern, kleine Textilunternehmer im bretonischen Rosporden, motivierten sie schon als Kind zum Besuch von Kunstkursen und später zu ihrer Ausbildung als Grafikerin und Illustratorin. Im Alter von 20 Jahren malte sie auf Leinwand und hatte mit den Bildern erste Galerieerfolge, glaubte aber noch nicht recht an sich. Sie zog nach Concarneau, illustrierte Kinder- und Kochbücher und bot in ihrem kleinen Atelier Keramikworkshops für Kinder und Schulklassen an. Dann begannen sich Galerien für ihre Arbeiten aus dem Brennofen zu interessieren, und nicht zuletzt wurde man durch Mundpropaganda auf sie aufmerksam. Schließlich gab noch eine unverhoffte Begegnung mit einem deutschen Krimiautor ihrem Leben und ihrem Atelier einen zusätzlichen Schub. *Anfangs wusste ich gar nicht, wer er eigentlich ist,* erzählt sie. *Als regelmäßiger Kunde wurde er zu einem Freund, bis er mich dann eines Tages fragte, ob er mich in seinen Büchern erwähnen darf.* Und Valérie Le Roux gab Jean-Luc Bannalec dazu ihr Einverständnis. *Ich habe immer viel gearbeitet und meinen Weg gesucht*, sagt die bescheiden wirkende Künstlerin. *Aber ich habe auch verdammtes Glück gehabt.*

TIPP

Die Meeresforschungsstation Marinarium zeigt Ausstellungen über die Vielfalt des marinen Lebens.

Atelier Valérie Le Roux: 4 Rue Duguay Trouin, Boutique: 14 Avenue du Docteur Nicolas, F-29900 Concarneau, Tel. +33 2 98 50 82 13, www.valerieleroux.com

Das ist doch alles Schrott

54 *Stahlkünstler Marc Morvan in Quimper*

Der Kopf des Riesentieres stammt aus dem Motorlager eines ehemaligen Fischtrawlers, seine Beine aus Baggerschaufeln und das Skelett ist aus Rohren, Scharnieren und Zylindern zusammengeschweißt. Der 13 Meter lange und 15 Tonnen schwere Riesenhummer hieß in den Sommermonaten des Jahres 2016 die Gäste des Maritime-Festivals in Brest willkommen. Das Stahlmonster ist seitdem meist auf Reisen, gerade befindet es sich auf einer grünen Wiese und scheint zu schlafen. Gestaltet hat es der bretonische Künstler Marc Morvan. Dessen Atelier in der Peripherie von Quimper wirkt auf den ersten Blick wie ein Schrottplatz: Von Rost zerfressene Badewannen, demolierte Schiffsrümpfe, Autowracks und Singer-Nähmaschinen, Schornsteinrohre und Propangastanks türmen sich hier in einem wilden Chaos auf einer Fläche von rund 2000 Quadratmetern. Das große Sammelsurium aus Metallkadavern inspiriert Morvan immer wieder zu neuen fantastischen Kreationen. Wie zu dem Horrorschaf Agnus horribilis, das hier und da gemeinsam mit einer Theater- und Performancetruppe in den bretonischen Straßen unterwegs ist. In der Bretagne, aber auch in Japan und Amerika ist Marc Morvan mit seinen monumentalen, teils aber auch filigranen Stahlobjekten bekannt wie ein bunter Hund. Zahlreiche seiner Objekte geben Kunst- und Kulturfestivals in der Bretagne besonderes Flair, zum Beispiel wenn sein lenkbarer Stahl-Minotaurus einen Auftritt als Vorläufer hat. Auf das Fahrwerk eines ausgedienten Citroëns montiert, erschrickt, erstaunt und erfreut das feuerspeiende Monster dann die Zuschauer am Straßenrand. Es ist ein Glück, dass der Recyclingspezialist seinem Kunsthandwerk nachgehen kann. Denn um Haaresbreite hätte der ehemalige Fischer einen Schiffsunfall im Sturm an der Pointe du Raz nicht überlebt. Schwer verletzt und traumatisiert nahm er danach den Schweißbrenner in die Hand. Das Cockpit seines abgewrackten früheren Bootes thront über dem Schrott seiner Werkstatt.

TIPP

Die Distillerie du Plessis lüftet die Geheimnisse der Herstellung von bretonischen Spirituosen.

Marc Morvan, Sculpteur, Pont-Kamm, F-29000 Quimper
www.marcmorvan.com

HOMM
CRÉAT
ART VI
SANC
PANZ

Am Wasser gebaut

55 *Café de la Cale in Sainte-Marine*

Ein Rahmen gibt einem Bild Halt und Gestalt. Wenn etwas in einem angemessenen Rahmen stattgefunden hat oder auch nicht, dann weiß man, wovon die Rede ist: Es hat eben (nicht) gestimmt. Das kann auch für ein landschaftliches Setting gelten. Im Café de la Cale an der Mündungsbucht des Flusses Odet in Sainte-Marine stimmt der Rahmen zweifellos, passen das Bild und seine Einfassung sehr gut zusammen. Bei einem Café au Lait auf der Terrasse hat man jedenfalls eine stimmige Szenerie im Blick. Über eine Bootsrampe lassen Skipper gerade ihr Beiboot zu Wasser, während auf ein paar Fischerbooten Männer in Ölzeug klar Schiff machen. Segelyachten tuckern unter Motor in Richtung offener Ozean und verlassen sich bei ihrem Törn auch auf die Signale des Leuchtturms an der Pointe de Combrit. Es ist Ebbe und der sichelförmige Sandstrand vor der Kirche des heiligen Tugdual ist trockengefallen. Jetzt kommt die kleine Fußgängerfähre aus Bénodet von der anderen Seite der Odet-Mündung herübergefahren, legt am Steg in Sainte-Marine an und entlässt ihre Passagiere. Dazu kommen noch ein paar Gäste von einem Ausflugsschiff aus Quimper. Sie alle schlagen den Weg ins Café ein, gesellen sich zu einigen Wanderern, die sich auf der Terrasse für die nächste Etappe stärken. Ein paar Radtouristen ruhen sich währenddessen ausgestreckt auf der Kaimauer aus. Das Wasser steigt jetzt langsam, die Flut kommt, Angler sind mit ihren Ruten aufgetaucht und hoffen auf einen guten Fang. Nebenan, im Museum Abri du Marin, einem ehemaligen Asyl für Seeleute in prekären Lebensumständen, gehen gerade die Lichter an: Heute eröffnet eine Ausstellung. Der Abri von Sainte-Marine war die erste Herberge dieser Art. 1910 hat sie der Fotograf und Philanthrop Jacques de Thézac am Hafen erbaut, dann folgten weitere Unterkünfte in anderen bretonischen Küstenorten. Matrosen, die Halt im Alkohol suchten, fanden hier Hilfe und eine drogenfreie Bleibe. Am Hafen von Sainte-Marine bleibt eben alles im Rahmen.

TIPP Eine lohnende Schiffsexkursion führt von Sainte-Marine durch das Odet-Flusstal bis nach Quimper.

Café de la Cale, 3 Quai Jacques de Thézac, F-29120 Combrit (Ortsteil Sainte-Marine), Tel. +33 2 98 56 30 49

Café de la Cale
Café de la Cale

Ganz schön exotisch

56 *Le Jardin Georges Delaselle auf der Île de Batz*

Palmen wiegen sich im Wind, Bananen reifen in mächtigen Stauden. Wir sind nicht in der Karibik, sondern auf der Île de Batz, nur 15 Minuten mit dem Fährschiff von Roscoff entfernt. Hier gedeihen in einer bemerkenswert orchestrierten Gartenlandschaft, vom milden Wasser des Golfstroms umspült und den Stürmen des Ärmelkanals trotzend, mehr als 3500 subtropische und exotische Pflanzen. Die organisierte Wildnis des Jardin Exotique Delaselle geht auf die Initiative eines Pariser Versicherungsunternehmers zurück. Georges Delaselle besuchte die Insel im Jahre 1897 und, beeindruckt von der ungewöhnlichen Vegetation, die er dort schon vorfand, den vielen fremdländischen und seltenen Gewächsen in einer ansonsten baumlosen Landschaft, beschloss er, auf Batz den Ort seiner Träume anzulegen, einen paradiesischen, mediterranen Garten. Eine arbeitsintensive und kostspielige Entscheidung. Segler brachten für ihn von ihren Reisen Pflanzen aus allen fünf Kontinenten, Bambusse, Yuccas und Kakteen, mit zurück in die Bretagne. Der leidenschaftliche Hobbygärtner verließ sich auf seine Fantasie und Intuition, ließ seine Arbeiter künstliche Dünen als Windschutz aufschütten und Anpflanzungen in einer riesigen Bodenwanne tiefer legen. Mit Steinen und Felsen wurden Aussichtspunkte inszeniert und Terrassen und Freiflächen, Trockenmauern und Wasserteiche angelegt, die die Anlage gliedern. Völlig überrascht stießen die Bauarbeiter während der Erdarbeiten auf eine Weihe- und Ruhestätte aus der Bronzezeit, die heute von Lilien gerahmt eine besondere Attraktion des Parks ist. Ein Spaziergang durch diesen malerischen und romantischen Labyrinthgarten mit seinem Palmenhain, der subtropischen Pflanzensammlung und den Kakteenensembles ist eine Weltreise in farbenfrohe Biodiversität. Wer sich hernach auf den Ruhebänken im Papyrusdschungel davon ausruht, blickt über die mit Grasnelken bepflanzte, blühende Heide auf das Festland, die eindrucksvollen grauen Stadthäuser von Roscoff.

TIPP Im Bar-Restaurant Les Herbes Folles kann man sich die Wartezeit auf das Fährboot angenehm verkürzen.

Le Jardin Georges Delaselle, Penn Baz, F-29253 Île-de-Batz

Bitte nicht mehr rauchen

57 *Manufacture des Tabacs in Morlaix*

La Manu ist Morlaix und die Stadt ist *La Manu.* Seit im Jahre 1736 Ludwig XV. die Tabakmanufaktur im alten Handelshafen hat anlegen lassen, gibt es keine Familie in Morlaix, in der nicht irgendwann ein Mitglied, Männer, Frauen und Kinder, in dieser Fabrik, die ein wichtiger Baustein für den Aufschwung von Morlaix war, gearbeitet hat. Bis zu ihrer Schließung im Jahr 2004 verließen jeden Tag große Mengen von Schnupf-, Kau- und Rolltabaken sowie Zigarren, Zigaretten und Zigarillos die Keller und Speicher der Manufaktur. Das Unternehmen florierte und hatte seine Blütezeit im 19. Jahrhundert – auch dank seiner Lage unmittelbar am Wasser, an den Quais der hier schmal zulaufenden Bucht von Morlaix, die den Transport der Rohstoffe und des schließlich fertig konfektionierten Suchtmittels begünstigte. Heute zählt die ehemalige Manufacture des Tabacs zu den bedeutendsten historischen Gebäuden in der Bretagne. Was nicht überrascht, denn nur wenige Areale erzählen so kompakt Industriegeschichte. Hier kann man in einem Museum, das 2020 seine Pforten öffnen soll, nacherleben, wie die Mechanisierung der Produktion die arbeitsteilige Handarbeit ablöst. Wie Röster und Pulvermühlen, hydraulische Pressen, Spinnräder und gigantische Antriebsaggregate die Produktion schneller und profitabler machen. Weil in Morlaix viele Maschinen und Werkzeuge aus drei Jahrhunderten noch gut erhalten sind, gilt die Tabakmanufaktur als eine exemplarische *case study*. Ein besonderer Schatz ist eine denkmalgeschützte Batterie von Pulvermühlen aus den 1870er-Jahren, die in der Zukunft des riesigen Areals eine Schlüsselrolle spielen wird. Nicht nur ein Industriemuseum ist auf dem Areal der Manufaktur geplant, die Stadt will die historischen Räume für die Kultur- und Kreativwirtschaft öffnen. So soll es neben dem Museum einen Universitätscampus geben sowie Kinos und Theater, Restaurants und Cafés. Auch Verlage und Start-ups sollen hier heimisch werden. Die geschichtsträchtige Manu hat ihre Zukunft noch vor sich.

TIPP

Die Brasserie Le Grand Café de la Terrasse im Zentrum von Morlaix ist ein guter Platz zum Entspannen.

Manufacture des Tabacs, 41 Quai du Léon, F-29600 Morlaix

1736
2015
1736
2015

Zukunft in der Schwebe

58 *Urbane Seilbahn in Brest*

Es soll bitte noch nicht vorbei sein! Nur kurze 3 Minuten dauert die Passage mit der Seilbahn, die das durch den Fluss Penfeld und die Hafenbecken geteilte Brest verbindet. Pendler und Touristen können so die Stadt aus der Gondelperspektive und durch den teilweise verglasten Kabinenboden erleben: In 80 Metern Tiefe liegen Werften und militärische Hafenanlagen und weiter hinten in der sich weitenden Bucht ankern Kriegsschiffe vor dem historischen Stadtschloss. Nicht von ungefähr erblickt man in Brest viel Militärisches. Die Stadt war schon immer ein Vorposten für die Verteidigung Frankreichs und hat das im Zweiten Weltkrieg während der Besetzung durch Nazi-Deutschland bitter bezahlt. Zivile Dienste leistet heute die mächtige Hubbrücke Recouvrance. Wer auf der Reise mit der Gondel über den Fluss Glück hat, erlebt, wie sich diese vierspurige Stadtstraße für ein Schiff öffnet, sich auf beiden Seiten in die Höhe zieht und den Zugang zum Hafen freigibt. Verlassen die Passagiere schließlich am anderen Ufer die Kabinen, so landen sie in den Ateliers des Capucins, den ehemaligen Werkshallen der Marinebasis von Brest – dem neuen Energiezentrum der Stadt. Nach der fast totalen Zerstörung im Zweiten Weltkrieg erfindet sich nämlich Brest gerade neu. Die riesigen denkmalgeschützten Ateliers laden auf mehreren Stockwerken in trendige Läden, Bars und Restaurants und in eine große Mediathek ein. In den einstigen Werkshallen sind heute Büros untergebracht, und wo früher Arbeiter Schiffe bauten, flitzen zwischen historischen Maschinen Skater über die Betonböden, andere üben sich in den ehemaligen Industriehallen an Kletterwänden im Bergsteigen. Die Ateliers sind für alle Milieus der Stadtgesellschaft konzipiert. Übrigens: Mit einer eigens entwickelten und patentierten Seilbahntechnologie fahren die zwei Kabinen nicht neben-, sondern übereinander. Pro Jahr transportieren sie – im Verbund mit öffentlichen Bussen und Bahnen – rund 1 Million Passagiere.

TIPP Mit Tausenden Pflanzen und Wassertieren ist das Océanopolis das größte Aquarium Frankreichs.

Seilbahn, Les Ateliers des Capucins, 25 Rue de Pontaniou, F-29200 Brest

Grabesruhe

59 *Île Milliau bei Trébeurden*

Wie kann sich auf einer 23 Hektar kleinen Insel so viel Historie verdichten? Sie ist ohne Zweifel attraktiv, wegen ihrer strategischen Position, der Süßwasserquellen und des milden Klimas. Auf der Île Milliau hat man sich schon in grauer Vorzeit gerne niedergelassen. Eines der frühesten Zeugnisse menschlicher Besiedlung ist die *allée couverte,* ein steinernes Galeriegrab aus der Megalith-Kultur, also 6000 Jahre vor Christus errichtet. Diese überdachte Gasse, Ausdruck eines besonderen steinzeitlichen Totenkults, soll ein Mönch aus Wales namens Milliau als Klosterzelle genutzt haben. Über Jahrhunderte bestellten dann Bauern die fruchtbaren Böden der winzigen Insel und errichteten kleine Höfe auf ihr. Heute, nach sorgfältiger Restaurierung, sind diese von einem Inselwächter betreuten Gîtes zu begehrten Ferienunterkünften geworden. Die Regie auf der Insel führt inzwischen das Conservatoire du Littoral – seit 1984 hat dieser wichtige Akteur für Natur- und Denkmalschutz in der Bretagne die Verantwortung für das Eiland übernommen. Das Conservatoire ist auch verantwortlich für eine umstrittene Entscheidung: 2009 schickte es Abrissbagger auf die Île Milliau und ließ eine verfallene Villa abreißen, in der einst Aristide Briand verkehrte, zwischen 1919 und 1933 unter anderem französischer Ministerpräsident und Außenminister. Seine Geliebte Lucy Jourdan, die Ehefrau eines Pariser Pressemagnaten, erwarb damals die Insel, erbaute die Villa und machte aus ihr ein Liebesnest und eine Eventlocation für die Pariser Gesellschaft. Als das heruntergekommene Anwesen auf Geheiß des Conservatoire dem Naturschutz wich, löste das eine Kontroverse aus. Darf man eine solche Geschichte verschwinden lassen? Ganz vergessen ist sie jedoch nicht: Im Dickicht von Ginster und Heidekraut erinnert heute noch eine Stele an Aristide Briand. Die Île Milliau, die Insel mit spannenden Rückblicken und atemberaubenden Ausblicken, ist nur bei Ebbe zu Fuß vom Yachthafen in Trébeurden aus erreichbar.

TIPP Reise durch die Technologiegeschichte in der Cité des Télécoms in Pleumeur-Bodou.

Île Milliau, F-22560 Trébeurden (Zeittafel für den Zugang zur Insel, nur bei Ebbe möglich)

Himmlische Ausstrahlung

60 *Cathédraloscope in Dol-de-Bretagne*

Die Heilige Schrift berichtet von der ersten Schöpfungstat Gottes und seinem Ruf in die Dunkelheit: *Es werde Licht.* Diese Botschaft setzten über Jahrhunderte Baumeister und Architekten, Zimmerleute und Steinmetze, Schmiede und Bildhauer in einzigartige religiöse Bauwerke um, in die gotischen Kathedralen. Schon die am Sonnenstand orientierte Ausrichtung ihrer Kirchenschiffe inszeniert einen stetigen Wechsel von Helligkeit und Dunkelheit. Buntglasfenster verströmen im Inneren der Gotteshäuser farblich akzentuierte Helligkeit, während ihre offene Architektur sie in einem zuvor ungeahnten Maße mit Licht flutet. So ist es auch in der im spätgotischen Stil erbauten Kathedrale Saint-Samson in der Bischofsstadt Dol-de-Bretagne nördlich von Rennes. In ihrer unmittelbaren Nachbarschaft gibt es seit 1999 ein Museum, das dabei unterstützen will, diese Wunderwerke religiöser Baukunst zu lesen. Der Initiator des Cathédraloscope und Architekt Olivier Delépine ist in der Nähe der Kathedrale von Dol-de-Bretagne aufgewachsen und will die Geheimnisse gotischer Baukunst einer interessierten Öffentlichkeit zugänglich machen. Als Besucher der Ausstellung wird man selbst zum Bauherrn und findet Antworten auf die Frage, die sich wahrscheinlich jeder beim Anblick einer Kathedrale stellt: Wie konnten solche Konstruktionen nur gelingen? Rundbögen und Glockentürme, Lichträume, Pfeilerkonstruktionen und Deckenhöhen von bis zu 90 Metern: Welcher Materialien und Werkzeuge haben sich die Erbauer eigentlich bedient? Delépine hat in Kooperation mit lokalen Behörden und Banken für das Museum 13 Millionen Francs aufgetrieben. Jährlich kommen mittlerweile 50.000 Besucher in das Cathédraloscope. Sie bestaunen die vielen Kirchenmodelle sowie die Szenografien, Diagramme und Videofilme, die die Kathedralen aus technischer und auch spiritueller Perspektive begreifbar machen. Was die vielen Kinder und Erwachsenen, die im Museum unterwegs sind, übrigens ganz wörtlich nehmen.

TIPP Vom Mont-Dol überblickt man die ganze Bucht von Cancale, über den Mont-Saint-Michel bis nach Granville.

Cathédraloscope, 4 Place de la Cathédrale, F-35120 Dol-de-Bretagne, Tel. +33 2 99 48 35 30
www.cathedraloscope.com

61 *Auf den Klippen bei Plouha*

Der Ozean ist ganz nah, Ginster, Farne und Heidekraut blühen, der Ausblick auf Strände, Buchten und Inseln ist spektakulär – und dann diese Klippen! Kein Wunder, dass der 14 Kilometer lange Abschnitt des *sentier des douaniers,* des Zöllnerpfads, bei Plouha eine der beliebtesten Strecken des Fernwanderwegs GR 34 ist. In der weiten Bucht von Saint-Brieuc erheben sich diese über 100 Meter hohen Steilwände aus Gneis und Granit und bieten von oben einzigartige Panoramablicke bis zur Île de Bréhat und zum Cap Fréhel. Herabstürzende Bäche haben sich in den Stein gefressen und in kleinen Canyons mit sattgrünen Matten sprießen Weiden, Eichen und Eschen. Kormorane und Möwen kreisen über dem bei Ebbe trockengefallenen Strand und suchen nach Beute. Die Sonne verschwindet hinter den Wolken und schaut dann wieder vorbei, der Wind bläst böig und zwischendurch nieselt es auch mal. Bretonisches Wetter eben, das das Sonnenlicht verschwinden und dann hinter den Wolken erneut aufblitzen lässt. Unten am Wasser gibt es Höhlen, Buchten und Katakomben, einst Rückzugsorte und Verstecke von Schmugglerbanden – und natürlich den Zöllnern auf Patrouille damals ein Dorn im Auge. Im Zweiten Weltkrieg hat sich auch die Résistance die Landschaftsformation zunutze gemacht: In acht geheimen Operationen wurden von hier 135 britische, kanadische und amerikanische Flieger und Agenten zurück nach Großbritannien in Sicherheit gebracht. Von diesen Ereignissen zeugen heute noch Erinnerungstafeln in einem Tunnel, der zu dem nahe gelegenen Strand, der Plage Bonaparte, führt. Von den Klippen oben blickt man hinunter auf eine denkmalgeschützte Hafenanlage und es sieht aus wie eine Land-Art-Installation: 10 Meter hohe Holzpfähle stehen in Reih und Glied im Wasser und geben an langen Leinen Booten Halt. Diese mittelalterliche Kunst, Ankerplätze zu schaffen, indem man Bäume in die Gezeitenzone pflanzt, gehört mittlerweile zum maritimen Kulturerbe der Bretagne.

TIPP In der Kapelle Kermaria An Iskuit in Plouha gibt es ein faszinierendes Totentanz-Fresko zu sehen.

Klippen Les Falaises, F-22580 Plouha
(Am besten folgt man den Hinweisschildern Richtung Les Falaises/Plages)

Vom Winde verweht

62 *Dünen der Keremma bei Tréflez*

Gartenvandalismus nennt Stéphane Chaumont die Unsitte, Orchideen aus Sand- und Feuchtgebieten in private Grünanlagen zu verpflanzen. In den Dunes de Keremma, einer einzigartigen Dünenlandschaft im nordwestlichen Zipfel der Bretagne, trifft der Botaniker der *Communauté des Communes de la Baie du Kernic* immer mal wieder auf solche Gründiebe. Auf über 200 Hektar, der größten Dünenkette der Bretagne, schaffen riesige Sandformationen, Süßwassertümpel, nasse Küstenwiesen und von den Gezeiten immer wieder geflutete Strände und Meeresbuchten einzigartige Lebensbedingungen für Flora und Fauna, auch für seltene und bedrohte Orchideenarten. Ornithologen kommen in die Bucht, um Zug- und Wattvögel bei ihrer Rast hautnah zu erleben. Wanderer und Radfahrer weiden sich an den blühenden Farbklecksen im ondulierten Grünbraun der sandigen Gebirge. Ins Auge fallen aber auch die in den Sand des kilometerlangen Strandes eingegrabenen Bunker und Gefechtsstände, Hinterlassenschaften des Zweiten Weltkriegs, als die deutschen Besatzer die Invasion der Alliierten nämlich nicht in der Normandie, sondern hier erwarteten und zeitweise sogar die gesamte Region evakuierten. Heute hat sich die weite, flache und sandige Bucht von Goulven zu einem Eldorado für Kite- und Windsurfer entwickelt. Damit der Massentourismus das kostbare Landschaftsschutzgebiet nicht aus dem Gleichgewicht bringt, setzt das Naturschutzzentrum Maison des Dunes auf Sensibilisierungs- und Informationsangebote. Und erzählt die überraschende Geschichte einer Naturlandschaft, die ursprünglich auf die Initiative eines gewissen Louis Rousseau zurückgeht. Beseelt von einem sozialen Katholizismus kaufte er im Jahre 1823 600 Hektar feuchtes Land, wandelte es für sich und andere Bauern in landwirtschaftliche Nutzflächen um und legte dafür Dünen als Befestigungen und Deiche zur Wasserkontrolle an. Das fertiggestellte Projekt nannte er Ker-Emma, Emmas Dorf. Es war der Name seiner Frau.

TIPP Das Naturinformationszentrum Maison des Dunes erzählt die Geschichte der einmaligen Dünenlandschaft.

Dunes de Keremma, Route de Goulven, F-29430 Tréflez, Tel. +33 2 98 61 69 69
www.maisondesdunes.bzh

Hervorragend

63 *Rocher de la Sentinelle in Port Blanc*

Diesen Ausblick genießt man am besten bei einem Glas Weißwein von der Seeterrasse des Grand Hôtels in Port Blanc aus. Die Landschaft der Côte d'Ajoncs, der Stechginsterküste, ist ein nicht so bekanntes Fleckchen Bretagne, auch wenn das Meer und vor allem das Licht einen hier verzaubern können. Das Wasser leuchtet in der Sonne türkisgrün, auch mal tiefblau und in kleinen Buchten verstecken sich Sandstrände zwischen Granitfelsen. Draußen ragen zum Teil bizarr geformte Felsen auf und kleine, üppig bewachsene Inselchen, viele davon in Privatbesitz. Bei Ebbe können ihre privilegierten Besitzer sie auch zu Fuß erreichen. Ein ehemaliger Eigentümer, Alexis Carel, der Nobelpreisträger für Medizin des Jahres 1912, soll dort draußen gemeinsam mit seinem Inselnachbarn Charles Lindbergh den Bau eines Flugzeugs zum Transport innerer Organe vorangetrieben haben. Ganz in der Nähe des Grand Hôtels wacht auf steilen Klippen in exponierter Lage eine Statue der Heiligen Jungfrau Maria über die Bucht. Sie steht hoch oben auf dem Rocher de la Sentinelle in einem Steinhäuschen, das eigentlich ein alter Wachturm zur Grenzsicherung war. Denn die Region um Penvénan mit ihrem Patchwork aus Inseln und einem gewaltigen Tidenhub eignete sich gut als strategisches Zwischenlager und Versteck und musste daher vor Feinden und Eroberern geschützt werden. Heute wird die Gezeitenzone, die bei Ebbe mit einer Tiefe von mehr als 1,5 Kilometern trockenfällt, im Dezember jedes Jahres zu einer Bühne für ein religiöses Schauspiel. Tausende Menschen sind dann beim *Pardon des Chevaux* durch das Watt zur Île Saint-Gildas unterwegs, begleitet auf ihrer Wallfahrt von Pferdewagen und berittenen Gläubigen. Dem heiligen Gildas soll es nämlich zu verdanken sein, dass die Vierbeiner hier vor langer Zeit von einer grassierenden und tödlichen Krankheit verschont blieben. Ihm zu Ehren holen sich nun die Menschen mit ihren Tieren den göttlichen Segen ganz persönlich ab.

TIPP In der Nähe der Baie d'Enfer steht das Haus zwischen den Felsen, ein sehr beliebtes Fotomotiv.

Rocher de la Sentinelle, Boulevard de la Mer, F-22710 Penvénan

Für Bücherwürmer

64 *Die Bücherstadt in Bécherel*

Haben Gemeinden und Kleinstädte in Frankreich und der Bretagne einen besonderen historischen Charakter und speziellen Charme, dann verleiht man ihnen gern die Auszeichnung als *Petite Cité de Caractère.* Das 30 Kilometer nördlich von Rennes gelegene Bécherel trägt diesen Titel seit 1978. Einst war das Städtchen ein Zentrum der Hanf- und Leinenproduktion. Das hier hergestellte Tuch zählte vom 16. bis zum 18. Jahrhundert zum besten aus der Bretagne, eine Glanzzeit, von der die Straßen und Plätze noch heute erzählen. Aber das ist lange her und von Erinnerungen allein lässt sich nicht leben. Wie aber könnte eine aussichtsreiche Zukunft für den Ort und seine Bewohner aussehen? Yvonne Prêteseille, die Besitzerin der Buchhandlung Gwriziенn, hatte im Jahr 1989 eine Idee. Könnte man aus dem besonderen Städtchen nicht eine Bücherstadt machen? Die Idee der Buchhändlerin zündete und brachte in den Flecken mit 700 Einwohnern Leben, Kultur und auch wirtschaftliche Prosperität zurück. Die erste *Cité du Livre* in Frankreich hat sich seitdem zu einem Hotspot für Bücherfreunde entwickelt. 16 Buchhandlungen und Antiquariate sowie 13 Kunstgalerien laden heute zum Lesen, Stöbern und Flanieren ein. Kleine Handwerksbetriebe veranstalten Workshops in Buchbinderei und Kalligrafie, Illustratoren und Comiczeichner lassen sich über die Schulter schauen und erklären, wie sie Griffel und Pinsel führen. Zum Café au Lait kehrt man in die Buchcafés mit hausgemachten Backwaren ein oder lässt sich von fantasievollen Brunchs verführen, und in Trödel- und Antiquitätenläden kann man so manches Schnäppchen machen. Seit 1993 kümmert sich ein Komitee um die Weiterentwicklung der Bücherstadt. Es trifft sich regelmäßig im *Maison du Livre* und arbeitet eng mit dem kleinen städtischen Theater zusammen. *Permaculture humaine* ist der Begriff, den man als Signum für Bécherel gefunden hat. Beim jährlichen großen Bücherfest zu Ostern oder während der Langen Nächte in den Sommermonaten ist diese besonders spürbar.

TIPP Die Places des Cordeliers et des Merciers in Dinan zieren alte Fachwerkhäuser.

Cité du Livre, La Maison du Livre et du Tourisme de Bécherel, 4 Route de Montfort, F-35190 Bécherel, Tel. +33 2 99 66 65 65

Ouvert
toute l'année :
de 10h à 12h30
de 14h à 18h30
de 10h à 18h30
Romans
LA
LIBRAIRIE
RECHERCHE
DES LIVRES EN
PERMANENCE

Strahlende Anmut

65 *Maison-Phare de Pontusval in Brignogan-Plage*

Lass mich bloß in meinem Leuchtturm! Marie-Paule Le Guen war außer sich, als ihr Sohn sie in einem Pflegeheim unterbringen wollte. Und sie setzte sich gegen ihn durch. Denn der Leuchtturm Pontusval ist ihr Zuhause, hier haben schon ihre Großeltern gelebt. Ihre Mutter hatte als eine von wenigen Frauen in der Bretagne den Job als Leuchtturmwärterin von ihnen übernommen und Marie-Paule war ihr nachgefolgt. Wie oft ist sie die 52 Stufen ihres *maison-phare* hochgehastet, um bei Stromausfällen zu überprüfen, ob die Notfeuer ihren Dienst tun! Nur ein einziges Mal, sagt sie, habe sie Angst gehabt, als ein schwerer Sturm und Hochwasser aus dem Turm eine Insel im Atlantik machten. 35 Jahre war sie die Herrin über die rot-weißen Lichter in 17 Metern Höhe. Nach ihrer Pensionierung ehrte die Stadt sie mit einer nach ihr benannten Straße, der Avenue Marie-Paule. Im Leuchtturm von Pontusval gingen am 15. September 1869 die Lichter an. Es ist ein anmutiges Gebäude, elegant und leicht. Und er ist der wohl am häufigsten fotografierte Leuchtturm Europas. Zunächst wurde er mit Pflanzenöl, später mit Erdöldämpfen betrieben und seit 1951 mit elektrischem Strom. Den Zweiten Weltkrieg hat er weitgehend unbeschadet überstanden, seit 2011 steht er unter Denkmalschutz. Marie-Paules Job war es auch, Leben zu retten, denn die Küste hier am Nordwestzipfel der Bretagne ist gefährlich, Felsen, Riffe und Strömungen sorgen immer wieder für Havarien, bei denen Seeleute ihr Leben lassen. Um den Turm herum gehen felsige Inseln bei Ebbe in Dünengebirge und Graslandschaft über und die Ausblicke auf den tosenden Atlantik von seiner Position aus sind atemberaubend. In alten, leuchtturmlosen Zeiten sollen zahlreiche Wracks an dieser Küste gestrandet sein, der mittellosen Bevölkerung ein lukratives Zubrot bescherend. Aber ob das so stimmt? Wir sind an der Côte des Légendes. Kann es sein, dass solche Geschichten nicht ganz der historischen Wahrheit verpflichtet sind?

TIPP Seit 1930 steht das Hôtel de la Mer auf dem Sand und den Felsen von Brignogan-Plage.

Maison-Phare de Pontusval, F-29890 Brignogan-Plage

Baden wie in alten Zeiten

66 *Das Schwimmbad Saint-Georges in Rennes*

Mosaike in Blau und Weiß rahmen den Überlauf des Beckens. Geflammtes Steinzeug ziert die Wände von Duschen und Kabinen, die Gänge sind mit kleinen kolorierten Kacheln ausgelegt. Das große Schwimmbecken hat dank bläulicher Mosaiksteine im Boden karibisches Flair. Die Piscine Saint-Georges, das öffentliche Hallenbad der bretonischen Hauptstadt, zählt zu den bedeutendsten Gebäuden im Art-déco-Stil in Frankreich. Die Idee des aus Rennes stammenden Architekten Emmanuel Le Ray war es, das Bad wie ein Meer erscheinen zu lassen, das nur von kleinen Wellen bewegt wird. In den Jahren 1923 bis 1926 erbaut, steht es seit 2016 unter Denkmalschutz und im Ranking der weltweit schönsten Schwimmbäder der renommierten kalifornischen Zeitschrift *Architectural Digest* belegt es den beachtlichen achten Platz. Was dem öffentlichen Interesse zuträglich ist. Schülergruppen treffen sich hier zum Klassenschwimmen, Berufstätige ziehen vor Arbeitsbeginn ihre Bahnen. Angebote für Wassergymnastik treffen auf rege Nachfrage und mehrmals im Jahr wird das Bad zur Eventlocation. Wenn Discjockeys ihre Plattenspieler vom Sprungbrett aus bedienen, verwandelt sich das Art-déco-Juwel in einen aquatischen Tanzboden. Dann tauschen auch die Schwimmer ihre Badehauben gegen aufblasbare Schwimmbojen ein. So lassen sich die Hörtrichter besser halten, die den Badenden völlig neue akustische Dimensionen des elektronischen Sounds erschließen. Mit einem solchen Erfolg konnten die Stadtverantwortlichen bei Planung und Bau der Sportstätte nicht rechnen. Die Kosten für das 2 Millionen Francs teure Gebäude erschienen der Bürgerschaft damals exorbitant, Setting und Dekor empfand man als zu protzig. Dabei wollte der damalige, den radikalen Sozialisten nahestehende Bürgermeister lediglich Sport und Bewegung für die breite Bevölkerung attraktiv machen und erreichen, dass die Bürgerinnen und Bürger von Rennes stolz auf ihren städtischen Pool sind und motiviert, ihn zu benutzen. Es hat funktioniert.

TIPP Jede Woche findet auf dem Place des Lices der zweitgrößte Freiluftmarkt Frankreichs statt.

Piscine Saint-Georges, 2 Rue Gambetta, F-35000 Rennes

DÉFENSE
de courir, de crier et de siffler
GRAND BAIN
Profondeur 3 M

Kontrollierter Stau

67 *Gezeitenmühle in Pleudihen-sur-Rance*

Wusste der Architekt Jousseaume, dass er über die Bausteine für eine Zukunftstechnologie verfügte? Im Jahr 1898 machte er sich am rechten Ufer der Rance daran, an der Stelle der alten, nach und nach verfallenden Gezeitenmühle eine neue, moderne zu konstruieren. Dafür nutzte er die besonderen Umweltbedingungen des Standortes, nämlich den starken Tidenhub des hier tief ins Landesinnere reichenden Meeresfjords. Was lag näher, als diese Wasserenergie zusätzlich in einem Rückhaltebecken zu speichern? Was es möglich machte, das Mühlrad nicht nur durch die hereindrückende Flut anzutreiben, sondern auch durch das bei Ebbe ablaufende Wasser, das dann das Mühlrad eben auch in die andere Richtung bewegte. Eine einfache und geniale Idee, die dem Architekten nicht von ungefähr in der Bretagne kam. Dass die damals zum Technologieführer für Gezeitenmühlen wurde, verdankte sie den an ihrer Küste außergewöhnlichen Kräften von Ebbe und Flut. Und solchen Mündungstrichtern wie dem an der Rance, an dem insgesamt 16 Gezeitenmühlen entstanden und eine effiziente Kraftgewinnung ermöglichten. Deren vom Wind unabhängige Räder stehen nun so gut wie nie mehr still. Mitte des 20. Jahrhunderts hatten französische Ingenieure dann allerdings eine noch weitreichendere Idee: Ließe sich nicht zur Gewinnung von elektrischer Energie anstelle eines kleinen Rückhaltebeckens der gesamte riesige Flusstrichter durch einen Staudamm absperren? Im Jahre 1961 begannen die Arbeiten für ein mächtiges Gezeitenkraftwerk, die *Usine marémotrice de la Rance.* 1967 speiste es erstmals Strom ins Netz ein, war damit weltweit das erste kommerziell genutzte Gezeitenkraftwerk und blieb bis 2011 das größte seiner Art. Unter der Verbindungsstraße zwischen Saint-Malo und Dinard generieren große, in die Staumauer eingelassene Turbinen 2,5 Prozent des Stromverbrauchs der Bretagne. Die Gezeitenmühle in Pleudihen liegt nur 15 Kilometer davon entfernt. Der kurze Ausflug an der Rance entlang dorthin ist eine technologische Zeitreise.

TIPP Das Besucherzentrum der Usine marémotrice de la Rance informiert über Gezeitenenergie.

Moulin à marées, F-22690 Pleudihen-sur-Rance (Ortsteil Mordreuc auf der rechten Seite der Rance)

Manger la mer

68 *Gezeitenfischen in Locquirec*

Eine verrostete Ankerkette liegt verschlungen auf dem nassen Strand, ein Krebs verkriecht sich seitwärts unter einen Stein. Während der *grande marée*, der großen Ebbe, zieht sich die Plage des Sables Blancs in Locquirec auf seine ganze Weite zurück. Das abfließende Wasser hinterlässt leichte Wölbungen im Sand, die Boote legen sich eins nach dem anderen in den Schlick und zwischen Algenteppiche. Aber der Plage des Sables Blancs ist jetzt keineswegs verwaist, im Gegenteil. Überall sind Menschen im Watt unterwegs, in gebückter Haltung, viele mit Kescher und Korb ausgerüstet. Nun geht einer von ihnen in die Hocke, holt einen Salzstreuer aus der Tasche und lässt eine Prise Salz auf eine winzige Öffnung im Sand rieseln. Was folgt, ist ein kleines und fast ein wenig obszönes Theater. Die Schwertmuscheln verwechseln nämlich das Salz mit der ankommenden Flut und schieben sich, den Rüssel vorneweg, aus dem Schlick heraus. Der Mann greift freudig zu und begutachtet seinen Fang. Er ist einer von vielen *Pêche-à-pied*-Enthusiasten. Strandfischen zu Fuß, das ist zu einer der beliebtesten Aktivitäten an der bretonischen Küste geworden, und wer dabei Erfolg haben will, muss das Watt und den Sand lesen können. *Couteaux*, Schwertmuscheln, sind an winzigen, wie eine Acht geformten, eng beieinander liegenden Löchern zu erkennen. Venusmuscheln, *palourdes*, aber auch Seespinnen sitzen direkt unter der Oberfläche im Sand. Krabben verstecken sich gerne unter Steinen und Tang. Muscheln sind bei Ebbe beinahe überall an den zuvor von der Flut umspülten Felsen zu finden. Napf- und Strandschnecken fühlen sich unter Algen oder an kahlen Steinen wohl. Rund 2 Millionen Menschen gehen in Frankreich dem Hobby der *pêche-à-pied* nach. Wenn die große Ebbe kommt, verabreden sich immer mehr Familien und Cliquen zur Schatzsuche im Wattenmeer. Und was kann es Schöneres geben, als nach dem gemeinsamen Freizeitabenteuer an der frischen Luft die Erträge des Tages zusammen zuzubereiten und zu verspeisen?

TIPP In Guimaëc kehrt man direkt am Strand ins CapLan & Co ein, das älteste Literaturcafé der Bretagne.

Gezeitenfischen, Rue des Sables Blancs, F-29241 Locquirec

Innere Werte

69 *Grand Phare de l'Île Vierge*

Keiner kann sich ihrer Aura entziehen. Leuchttürme sind wissenschaftlich-technische, architektonische und ästhetische Superlative. Sie stehen für Innovation, Erfindergeist und wegweisende Lösungen. Der Grand Phare de l'Île Vierge wuchs auf der Île Vierge, der Jungfraueninsel, zwischen 1897 und 1902 in den Himmel – auf eine Höhe von 82,5 Metern. Bei tiefer Ebbe erreicht man ihn zu Fuß, sonst mit dem Boot. Steht man ganz oben auf der Plattform des höchsten Leuchtturms Europas lässt der Rundumblick das Herz höherschlagen. Unter einem liegt der Nordwestzipfel der Bretagne, das Finistère. *Finis terrae* – das Ende der Welt, gefühlt ist man hier nur noch einen Sprung von Amerika entfernt. Inseln, Felsen, Buchten, ausladende Strände und Wasserzonen prägen die bretonische Aberküste, eine Landschaft, die immer in Bewegung ist. Fjorde haben ihr Bett tief in das Landesinnere gegraben, werden von der Flut gefüllt, bis die Ebbe kommt und Strände, Watt und Sandbänke freilegt. Der Leuchtturm auf der Île Vierge verfügt aber auch über ganz besondere innere Werte. Schon beim Aufstieg zur Kuppel stockt der Atem, nicht nur der vielen Stufen wegen. Das zylindrische Treppenhaus ist mit 12.500 Kacheln aus Opalin ausgekleidet, Türkiskeramiken italienischer Herkunft, die die endlos erscheinende Wendeltreppe in ein geheimnisvolles Licht und eine faszinierende Stimmung hüllen. 360 Stufen muss man nehmen, bis die Kuppel des Leuchtturms erreicht ist. Von hier oben schicken die Powerstrahler ihr Licht 27 Seemeilen weit hinaus in die bretonischen Nächte. Dafür braucht es heute keinen Wärter mehr. Im Oktober 2010 hat der letzte seinen Arbeitsplatz auf der Île Vierge verlassen, und seitdem wird der Grand Phare ferngesteuert: Der Leuchtturm Créac'h auf der Île d'Ouessant hat seine vollautomatische Regelung übernommen. Auf die Insel Vierge kommt man im Sommer mit Booten und bei Ebbe zu Fuß. Doch Vorsicht, diese faszinierende Passage durch das Watt können die Gezeiten lebensgefährlich machen.

TIPP Schöne Café-Liegewiese beim Outdoor-Mode-Store Hoalen in Kelerdut im Schatten des Leuchtturms.

Grand Phare de l'Île Vierge, F-29880 Plouguerneau, Tel. +33 2 98 04 70 93
www.vedettes-des-abers.com (Bootstransfer)

Historischer Zauber

70 *Abbaye de Beauport bei Paimpol*

In diesem ganz nah am Meer und in Sichtweite der Hafenstadt Paimpol gelegenen Gemäuer aus dem 13. Jahrhundert gehen historische Architektur und gebändigte Natur eine berührende Verbindung ein. Einst übereignete der Graf von Tréguier den Chorherren des Prämonstratenserordens das Areal. Sie errichteten darauf eine Abteikirche, später noch die klösterlichen Gebäude und fanden für diesen Platz den Namen Beauport – schöner Hafen. Heute stehen von der Abbaye de Beauport nur noch die Außenmauern. Die Abtei wurde über lange Zeit zu einem Handelsplatz und Brückenkopf für Pilger, die – insbesondere aus England kommend – auf dem Jakobsweg unterwegs nach Santiago di Compostela waren. Daran erinnert die in Granit gemeißelte Jakobsmuschel am Eingang. Wer in der geschichtsträchtigen Anlage zu einem Rundgang aufbricht, macht eine Zeitreise durch sieben Jahrhunderte. In den Anlagen rund um die Abtei blühen Hortensien und alte Rosen, ehemalige Empfangssäle mit eleganten gotischen Rundbögen bieten Schwalben und Fledermäusen Unterschlupf. Aus den früheren Speisesälen sieht man auf das Meer und die vielen vorgelagerten Inseln. Besonders eindrucksvoll ist das Kreuzgratgewölbe des unter dem Speisesaal gelegenen Vorratsraums, das von acht mächtigen Granitsäulen getragen wird. Durch Arkaden und Bruchstücke von Maßwerkfenstern fällt der Blick auf grasende Kühe und Schafe. Im Inneren nehmen Efeu und Farne die Säulen als Kletterhilfe und aus dem Braungrün des festgetrampelten Lehmbodens ragen Grabmäler heraus. Ein Obstgarten mit 60 unterschiedlichen Apfelsorten liefert den Rohstoff für hausgemachten Cidre. Außerhalb der auratischen Anlage gehen Salzwiesen in Sümpfe und Heide in Schilf- und Weidelandschaft über. Es ist eine Oase der Ruhe, lediglich das Meeresrauschen und das Kreischen der Möwen sind zu hören. Religiöse Gebäude sind Häuser einer höheren Ordnung, sollen Funktion und Sinn auf spirituelle Weise zusammenbringen. Der Abbaye de Beauport gelingt das zweifellos.

TIPP Die maritime Geschichte der Küste von Goëlo im Kulturzentrum Le Milmarin in Ploubazlanec.

Abbaye de Beauport, Chemin de l'Abbaye, F-22500 Paimpol
www.abbayebeauport.com

Es schmeckt nach Meer

71 *Austern in Cancale*

Ich liebe Austern, weil sie den Eindruck vermitteln, man umarme das Meer in seinem Mund, meint der französische Dichter Léon-Paul Fargue. Woody Allen hält dagegen: *Ich esse keine Austern. Ich will mein Essen tot. Nicht krank, nicht verwundet. Tot.* Austern lassen so gut wie niemanden kalt. Die einen finden die glibberigen Dinger eklig, die anderen verehren sie als kulinarische Preziosen. Aus den Geschichten über die Feinschmeckermuschel ist der Mythos ihrer luststeigernden Wirkung kaum wegzudenken. Casanova soll der Legende nach regelmäßig 50 Stück zum Frühstück verspeist haben. Was verleiht den Austern nur ihre erotische Aufladung? Ist es die Ähnlichkeit ihres Fruchtfleisches mit dem weiblichen Schoß? Oder das lustvolle Schlürfen beim Verzehr? Ihre bisexuelle Identität? Mal männlich, mal weiblich: Je nach Nahrungsangebot und Umweltbedingungen können Austern nämlich mehrmals in ihrem Leben das Geschlecht wechseln. Ihre Aura und ihren Ruf als Delikatesse verdankt die Auster jedenfalls ihrem Geschmack nach Meer, ihren Aromen sowie ihrer aufwendigen und langwierigen Zucht. Und dem Charakter des *merroir*, der Gezeitenzone, in der sie über Jahre wächst. Beim Wein entscheidet das *terroir*, die Mikrobiologie der Böden, über Geschmack und Qualität. Austern ernähren sich von Plankton und kleinsten Organismen, die im *merroir* in unterschiedlicher Zusammensetzung vorkommen. Wenn Austernbauern die Säcke mit den heranwachsenden Tieren mehrmals umbetten, nutzen sie so die Ökologie der Gezeitenzone. Auch dadurch werden Austern zu Nährstoffbomben, mit denen es andere Lebensmittel kaum aufnehmen können. Gerade mal auf 71 Kalorien kommen 100 Gramm Fleisch dieser Schalentiere, die zu 83 Prozent aus Wasser bestehen. Was sie aber so unvergleichlich macht, ist ihr vielfältiges Bouquet aus Mineralstoffen und Vitaminen. Diese Inhaltsstoffe können Wohlbefinden auslösen. Dass sie die Liebeslust steigern sollen, gehört höchstwahrscheinlich zu den sehr langlebigen Fake News.

TIPP Die Rochers sculptés in Rothéneuf sind eine Welt voller merkwürdiger Skulpturen mitten in den Klippen.

Austern-Direktverkauf am Hafen, 1 Rue des Parcs, F-35260 Cancale

Hart am Wind

72 *Strandsegeln in Plestin-les-Grèves*

Wer stoppen will, lässt einfach die Segel los! Jean-Philippe ist Trainer für Strandsegeln und gibt seiner Gruppe erste Hinweise, wie das geht. Heute sind die Bedingungen am kilometerlangen Sandstrand von Saint-Efflam recht günstig. Die Ebbe hat eine großräumige Trainingsfläche freigegeben und der Wind bläst stark genug, aber nicht zu heftig. Auf dem Strand hat Jean-Philippe bis zur Wasserkante bunte Kegel aufgereiht, einen Slalomkurs, bei dem man möglichst nicht aus der Kurve fliegen soll – eine gute Übung für Anfänger. Sechs Männer und zwei Frauen in Neoprenanzügen haben zu Beginn ihrer ersten Übungsstunde ihre *chars* mit dem Rücken zum Wind aufgestellt. Jetzt ziehen sie ihre Helme noch etwas fester, setzen sich in ihre Gefährte und greifen zur Segelleine. *Wenn ihr sie langsam spannt, merkt ihr, wie die Kiste Fahrt aufnimmt,* sagt Jean-Philippe, und schon legen die Strandsegler los. Für die boomende Sportart hat die Bretagne mit ihren attraktiven und bei Ebbe oft sehr weiten Sandstränden viel zu bieten. Die Segeltechniken ähneln denen auf den richtigen Booten und lassen sich mit Sand statt Wasser unter dem Kiel erlernen, ohne dass man Angst haben muss, gleich bei der nächsten Wende zu kentern. Jetzt steuern die Anfänger ihre Gefährte schon etwas zügiger über den Strand, nehmen dann noch tastend die ersten Kurven. Strandsegeln ist eigentlich eine sehr rasante Sportart, und wer den Grundkurs in einem soliden Dreirad absolviert hat, kann sich danach auch in pfeilschnellen Boliden versuchen. Die jagen mit der dreifachen Windgeschwindigkeit über die Sandpiste. Ganz hinten sind diese Profis in der Brandungszone unterwegs, nur an kleinen, schwarzen Strichen gegen den Horizont zu erkennen. Wegen des gleichmäßigen Sandbettes suchen die Experten für ihre Törns die Übergänge von Strand und Meer. *Char à voile* hat sich in der Bretagne zu einem Volkssport entwickelt und in den vergangenen Jahren professionalisiert. Auch am Strand von Plestin-les-Grèves.

TIPP Von den Thermes du Hogolo in Plestin-les-Grèves hat man eine schöne Rundumsicht auf Strand und Bucht.

Strandsegeln, Centre nautique municipal de Plestin-les-Grèves, Saint-Efflam, 29 Avenue de la Lieue de Grève, F-22310 Plestin-les-Grèves, Tel. +33 2 96 35 62 25

Sehr spirituell

73 *Kreuzgang von Saint-Tugdual in Tréguier*

Gleich neben der Sakristei der Cathédrale Saint-Tugdual tritt man in einen Kreuzgang, der mit seinen von Licht und Schatten umspielten Arkaden aus bretonischem Granit wunderbar stimmungsvoll und einer der besterhaltenen der Bretagne ist. Hortensien blühen auf dem Rasen, in seiner Mitte steht ein schlichtes Kreuz. Während der Sommermonate lädt dieser inspirierende Ort zu Lesungen und Kunstausstellungen ein. Das zugehörige Gotteshaus trägt den Namen eines gallischen Mönchs: Saint-Tugdual hat hier zwischen den Flüssen Jaudy und Guindy im Jahr 540 eine einfache Klosterkirche errichtet, die zur Keimzelle der Stadt Tréguier wurde und aus der sich die imposante Kathedrale mit dem schönen Kreuzgang entwickelt hat. Ihre filigrane Turmspitze schwebt über der sehr einladenden mittelalterlichen Kleinstadt, die sich mit ihren Gassen und kleinen Plätzen vom Hafen den Hang hinaufzieht. Mit dem Bau der Kirche in Stein, Schiefer und Granit wurde im 11. Jahrhundert begonnen, Kirchenschiff und Chor sind im gotischen Stil des 14. Jahrhunderts gestaltet, der Kreuzgang wiederum ist erst im 15. Jahrhundert entstanden. Das von tiefer Religiosität geprägte Tréguier ist zugleich auch eine Stadt des Geistes, der Denker, Schriftsteller und Drucker. Ein in dieser Tradition wurzelnder gewichtiger Historiker und Religionskritiker wurde im Jahr 1823 hier geboren und hat seinen Platz heute ausgerechnet auf dem Place du Martray, also direkt vor der Kathedrale: der Schriftsteller und Philosoph Ernest Renan. Er verteidigte in seinen Schriften das Recht auf freie Meinungsäußerung sowie historische und religiöse Kritik. Als das Denkmal für den unter den Klerikern als Ketzer verrufenen Freigeist 1903 vor der Kathedrale enthüllt werden sollte, beschlossen die empörten Katholiken, am Jaudyufer ein Gegendenkmal zu errichten, den *Calvaire de la Protestation* – ein Kleingeist, von dem man sich im Kreuzgang der Kathedrale von Tréguier mit seiner wunderbar spirituellen Ausstrahlung weit entfernt fühlt.

TIPP Über einer Flussschleife des Trieux liegt das Château de la Roche-Jagu mit ausladendem Park.

Cathédrale Saint-Tugdual, Place du Martray, F-22220 Tréguier

Alles in Unordnung

74 *Monsieur Hulot in Saint-Marc-sur-Mer*

Wie eine Sichel schmiegt sich der feinsandige Strand in die Bucht, von Pinien und ein paar Felsen gesäumt. Linker Hand ein weißes Hotel, das natürlich Hôtel de la Plage heißt. Ein kleiner Junge baut mit seinem großen Bruder gerade eine Sandburg, Mama döst vor sich hin, Papa blättert in seiner Sportzeitung. Auf Muschelsuche waten weiter vorne ein paar Kinder mit bunten Eimern durch den Schlick, und wo sich am Horizont das Meer flimmernd verliert, nimmt ein Containerschiff Kurs auf Saint-Nazaire. Der idyllische Strand liegt in einem Vorort der Hafenstadt, in Saint-Marc-sur-Mer. Und über ihm, auf einer Aussichtsplattform, steht ein Mann und beobachtet das Treiben der Sommerfrischler: Monsieur Hulot. Vom Bildhauer Emmanuel Debarre in Bronze gegossen, wacht er, die Hände auf dem Rücken, seit 1999 über seinen Strand. Hier hat Jacques Tati 1953 *Die Ferien des Monsieur Hulot* gedreht. Den allein reisenden Hulot, der steifbeinig durch das Strandleben tapst und ungewollt das geregelte Ferienmilieu in Unordnung bringt, von einem Missgeschick ins nächste fällt, mimte der Regisseur persönlich. Hulot weckt seine Nachbarn mit seinem alten Auto und auf dem Tennisplatz besiegt er sie mit einem ausgesprochen ungewöhnlichen Aufschlag. Seinem Abbild in Bronze fehlt allerdings sein Markenzeichen, die Pfeife, denn die haben ihm Souvenirjäger schon mehrmals abgeschlagen. Bis heute sieht es nicht nur in Saint-Marc, sondern an vielen bretonischen Stränden noch ein bisschen so aus wie in den *Ferien des Monsieur Hulot*. Der typische bretonische Badeort gründet – wie die Reiseprospekte das gerne nennen – auf einem *tourisme à taille humaine,* also einem auf das menschliche Maß zugeschnittenen Tourismus, der im Zweifelsfall eher ein wenig spießig als snobistisch ist. Und hier am Strand von Saint-Marc würde man sich tatsächlich nicht wundern, wenn auf einmal Monsieur Hulot auftauchte, mit seinen zu kurzen Hosen am Ufer entlangstakst und über die gerade fertiggestellte Sandburg stolpert.

TIPP Bei einer Besichtigung der Atlantikwerften in Saint-Nazaire kommt man den Riesenschiffen nahe.

Hulot-Statue, La Plage de Monsieur Hulot, Saint-Marc-sur-Mer, F-44600 Saint-Nazaire

Ein Bild von einer Insel

75 *Auf der Île de Sein*

Pünktlich um halb zehn legt das Schiff in Audierne ab. Fahrtziel: Île de Sein. Die Sonne scheint, ein paar Wolken fliegen über den Himmel, es weht ein steifer Wind. Das Boot stampft durch die Wogen, auf und ab. *Qui voit Sein, voit sa fin – Wer Sein sieht, erblickt sein Ende,* heißt es. Das Meer zwischen der Insel und dem schroffen Festland an der Pointe du Raz ist eine der wildesten Ecken der Bretagne, mit heftigen Strömungen, die das Wasser aufwühlen. Aber schon kommt die Insel in Sicht, erst ist es nur ein heller Streifen am Horizont, dann tauchen die Häuser langsam aus dem Meeresdunst auf, dicht aneinandergedrängt, hellgelb und blau verputzt, mit bunten Klappläden. 3 Kilometer ist die Insel lang, 25 bis maximal 500 Meter breit, im Durchschnitt nur 1,5 Meter über dem Meer. Ein langes Felsplateau mitten im Atlantik, baumlos, mit vom Wind glattgebürsteter Heide und immerhin drei Leuchttürmen. Rund 120 Menschen sind hier das ganze Jahr über zu Hause und manchmal stürmt es so heftig, dass die Wellen über die Kais bis an die Häuser schlagen. Im Sommer zeigt Sein ein anderes Gesicht: An die 2000 Sommerfrischler zählt die Insel zur Hochsaison, dazu kommen die Tagesausflügler. Die Ankunft des Schiffs ist dann an jedem Morgen ein Ereignis. Auf dem Quai herrscht großes Getriebe und die Cafés füllen sich, man genießt die Inselstimmung. Autos gibt es hier nicht, und die Gassen hinter der Schiffsanlegestelle sind so eng, dass man sie gerade mal mit Handkarren passieren kann. Wo wenig Platz und viel Wind ist, rückt man eben zusammen. Rund um die Inselmitte legen sich Deiche wie ein Granitkorsett, eine Festung gegen das Meer, bis zu 7 Meter hoch. In den vergangenen Jahren hat man sie noch weiter ausgebaut, aber ob das ausreicht, um die flache Insel vor den zunehmenden Stürmen und dem steigenden Wasserspiegel zu schützen? Oder wird das faszinierende Eiland irgendwann doch verschlungen, wie einst die Insel Y laut einer verbreiteten bretonischen Legende?

TIPP Auf dem Parcours Découverte de la Biodiversité die biologische und kulturelle Vielfalt entdecken.

Île de Sein, www.pennarbed.fr (Die Fährgesellschaft Penn Ar Bed fährt das ganze Jahr über von Audierne und Camaret aus zur Insel, Fahrzeit rund 1 Stunde.)

MEN-

Rätselhafter Hinkelstein

76 *Menhir de Kerloas in Plouarzel*

Er ist der höchste. Wenn man etwas in solchen Superlativen beschreibt, klingt das schnell anzüglich und lässt an einschlägige Aufkleber auf besonders langen Lkws denken. Tatsächlich kann man über den Menhir de Kerloas kaum ohne erotische Assoziationen schreiben. Mit fast 10 Metern Höhe ragt er zwischen den Orten Plouarzel und Saint-Renan aus dem ihn umgebenden Grün auf und ist damit der größte unter den aufrecht stehenden Menhiren in der Bretagne und seit 1883 als *monument historique* anerkannt. Ursprünglich war er noch höher, aber wahrscheinlich hat er schon vor Jahrhunderten durch einen Blitzeinschlag seine Spitze verloren. Etwa 150 Tonnen ist der vom rund 3 Kilometer entfernten Aber Ildut stammende Hinkelstein schwer. Es muss eine gewaltige, eine fast unlösbare Aufgabe gewesen sein, ihn an seinem Ursprungsort aus den Felsen zu heben, zu schneiden, dann auf die Anhöhe bei Plouarzel zu verfrachten und ihn dort aufzustellen. Zwei Reliefs an seinen schmalen Seiten ähneln einem Phallus, wurden wahrscheinlich aber erst später in den Granit gearbeitet. Wie alle Menhire umgibt den Menhir von Kerloas ein Rätsel. Was war die Funktion dieser monumentalen Steine? Waren sie Teil eines kultischen Ritus, eine Landmarke oder tatsächlich ein phallisches Fruchtbarkeitssymbol? Auch Heilkräfte schrieb man den Granitsteinen zu. Bis heute hat die historische Forschung keine eindeutige Antwort gefunden. Aber die jungverheirateten Paare aus der Nachbarschaft des Menhirs scheinen sie sich selbst gegeben und ihre Wahl unter diesen Zuschreibungen getroffen zu haben. Vor ihrer Hochzeit sollen sie ihre Bäuche an dem Stein gerieben haben, die Frau auf der einen, der Mann auf der anderen Seite. Der Bräutigam habe sich von diesem Ritual männlichen Nachwuchs versprochen, die Braut sich erhofft, Herrin über den zukünftigen gemeinsamen Haushalt zu werden. Ob und wie viele dieser Glücksversprechungen sich realisiert haben, ist nicht überliefert.

TIPP Der Phare de Trézien bei Plouzarzel markiert die Atlantikgrenze zum Ärmelkanal und kann besucht werden.

Menhir de Kerloas, F-29810 Plouarzel (Zum Menhir zweigt man an der Straße von Plouarzel nach Saint-Renan nach rechts ab. Ein Parkplatz ist vorhanden.)

Kapellenkunst

77 *L'Art dans les Chapelles in Pontivy*

Kunst braucht Räume, zu denen sie in Beziehung tritt und in denen sie wirkt. Dass ein solcher Raum auch eine Kapelle sein kann, ist eine ungewöhnliche, aber in der Bretagne durchaus naheliegende Idee. Die vom Katholizismus geprägte Region verfügt über eine enorme Anzahl an Kirchen, Klöstern und Kapellen. Seit 1992 lädt das Festival *L'Art dans les Chapelles* in jedem Sommer etwa 15 Künstlerinnen und Künstler in die Region um Pontivy und will mit deren Beiträgen das religiöse architektonische Erbe der Bretagne in einen Dialog mit zeitgenössischer Kunst bringen. Es geht also um mehr, als einfach Kunstwerke in sakrale Gebäude zu hängen. Die eingeladenen Designer, bildenden Künstler, Maler, Fotografen und Bildhauer sind vielmehr aufgefordert, sich von der Atmosphäre der ihnen anvertrauten Kapelle inspirieren zu lassen und dafür originäre Gemälde, Skulpturen, Ton- oder Bildinstallationen zu schaffen. Fast 500 Künstler haben an diesem Kunstereignis bisher teilgenommen. Einer der Teilnehmer setzte beispielsweise eine Collage aus Glitter, gefärbten Kunststoffen und Neonschriften dem Lichterspiel der Chapelle Saint-Meldéoc aus. Eine andere Künstlerin installierte weiße zylindrische Skulpturen, die in der Chapelle Saint-Drédeno wie geisterhafte Wesen wirkten. Und eine Kollegin brachte farbenfrohe, abstrakte Formen und bunte Keramikfliesen in die Chapelle Saint-Tugdual. Von Juni bis September jedes Jahres bietet das Festival den Besuchern neben klassischen Führungen und Workshops bisweilen auch Ausgefalleneres, zum Beispiel wenn die Besucher unter kundiger Leitung eines Psychoanalytikers und eines Musikwissenschaftlers der Kapellenkunst auf originelle Art begegnen. Auch drei ausgeschilderte Kapellenrundfahrten wurden eingerichtet, die sich über eine Strecke von fast 150 Kilometern erstrecken. *L'Art dans les Chapelles* ist längst nicht mehr nur ein bretonisches Ereignis, sondern die fünftgrößte Veranstaltung für zeitgenössische Kunst in Frankreich.

TIPP Pontivy liegt am Fluss Blavet, der einen Teil des Nantes-Brest-Kanals bildet – ideal für Hausboottouren!

L'Art dans les Chapelles, F-56300 Pontivy, www.artchapelles.com
(Das Festival findet jedes Jahr von Juli bis Mitte September in Kapellen rund um Pontivy statt)

Die spinnen, die Erquyer

78 *Asterix am Cap Erquy*

Ist es Erquy? Ist der kleine bretonische Ort das legendäre gallische Küstendorf, in dem der pfiffige Asterix und der starke Obelix, der Druide Miraculix, der Barde Troubadix und nicht zuletzt der Hund Idefix den Angriffen der römischen Eroberer standhalten? Tatsächlich gibt Erquy sich nicht damit zufrieden, ein schmucker Badeort und die Hauptstadt der Jakobsmuschel zu sein, sondern will auch das Vorbild für das Heimatdorf von Asterix & Co. abgegeben haben. Ist da etwas dran oder spinnen die, die Leute von Erquy? Ein starkes Argument können sie für ihre Annahme tatsächlich ins Feld führen. Asterixleser wissen, dass es auf den ersten Seiten der Hefte eine Ortsskizze gibt, die – durch eine Lupe betrachtet – drei Felsen zeigt, die sich aus dem Meer erheben. Und das erinnert in der Tat an das Cap Erquy, wo bei Ebbe genau solche drei Gesteine aus dem Wasser auftauchen. Texter René Goscinny und Zeichner Albert Uderzo haben allerdings die These aus Erquy nicht bestätigt. Albert Uderzo soll zwar vor Jahren einmal gesagt haben, das 7000-Einwohner-Dorf in der Nähe von Saint-Brieuc möge für ihn vielleicht unbewusst ein Vorbild für das gallische Dorf gewesen sein, hat das aber später wieder zurückgenommen. Die Ortswahl sei ein reines Zufallsprodukt gewesen, stellte er in einem Interview richtig. Als sie im Jahr 1959 den ersten Band der erfolgreichsten französischen Comicserie gemeinsam verfassten, habe ihm René Goscinny auf die Frage, wo ihre Comic-Helden denn angesiedelt sein sollten, geantwortet: *Egal wo, Hauptsache am Meer.* Und da Uderzo außer Paris nur die Bretagne gut kannte, habe er die Helden der Geschichten einfach dorthin, nach *Armorica,* verpflanzt. Auf eine andere wichtige Frage findet man zudem in den Studien der Hobbyforscher gar keine Antwort: Gibt es am Cap Erquy eigentlich Wildschweine? Wenn nicht, wie kann dann dort Obelix' Heimat sein? Wo es dem stets Hungrigen doch meist darum geht, seinen Bauch mit möglichst viel Fleisch dieser Tiere zu stopfen?

TIPP Auf Holzstegen führt ein Weg rund um die Lacs Bleus, frühere Steinbrüche hinter der Küste von Erquy.

Cap d'Erquy (Parkplatz an der Pointe du Cap d'Erquy)

SOS – In höchster Not

79 *Bergungsschiff Abeille Bourbon in Brest*

Wie viele Menschen können wohl von Glück sagen, dass es dieses Schiff gibt? Sie dürften zahlreich sein. Und unter ihnen sind nicht nur aus Seenot gerettete Schiffbrüchige, sondern auch die Menschen und Lebewesen an der bretonischen Küste, die durch seine Einsätze vor Umweltkatastrophen bewahrt wurden. Zum Beispiel vor verheerenden Ölschäden, wie sie der havarierte Tanker Amoco Cadiz 1978 verursacht hat. Die Rede ist von einem Bergungsschiff, der Abeille Bourbon. Das mit zwei wechselnden Mannschaften besetzte Kraftpaket ankert am Quai Malbert im Hafen von Brest und ist rund um die Uhr in Alarmbereitschaft. 80 Meter ist es lang, 22.000 PS stark und mit enormer Schleppkraft ausgestattet. Die Abeille sichert die Meereszone im Nordwestzipfel der Bretagne, fährt Noteinsätze auf dieser riskanten Transitstrecke, über die jeden Tag Hunderte Schiffe vom Atlantik zum Kanal oder in die umgekehrte Richtung fahren, oft mit gefährlicher Fracht. Schon viele Male konnte sie das Schlimmste verhindern. Das Abschleppen ist allerdings die Ultima Ratio. Oft geht es bei einem Einsatz nur darum, einen Frachter in Schlepptau zu nehmen und wieder auf Kurs zu bringen. Es muss ein eigenartiges Leben sein, das man als Mitglied dieser zweifellos mutigen Schiffsmannschaft führt. 45 Tage währt jeweils eine Schicht auf dem Boot, immer in Wartestellung. Bis dann auf einmal das Warnsignal ertönt, zum Einsatz ruft. Mit einer Höchstgeschwindigkeit von 36 Stundenkilometern ist die Abeille auch bei Orkan und heftigstem Wellengang schnell dort, wo sie gebraucht wird. Denn sobald der Wind mit mehr als 40 Stundenkilometern bläst, verlässt die Abeille Bourbon ihren Ankerplatz, rückt ein Stück näher an die Atlantikpassage heran und macht im Schatten der Île d'Ouessant fest. Für die Einwohner von Brest ist sie ein Barometer: Hat sie den Hafen verlassen, können sie mit stürmischem Wetter rechnen. Und vielleicht wird man wieder auf einem Schiff in schwerer See von Glück sagen können, dass es sie gibt.

TIPP Die Festung von Brest bietet einen lohnenden Streifzug durch das Musée National de la Marine.

Abeille Bourbon, Port de Brest, Quai du Commandant Malbert, F-29200 Brest

ABEILLE BOURBON
UT 515

Bummeln in Quimper

80 *Unterwegs in der Rue du Frout*

Was für ein Vergnügen, durch diese Altstadtgasse zu laufen! Die lange gepflasterte Straße führt zur Kathedrale Saint-Corentin, deren Turmspitzen sich an ihrem Ende über den Dächern erheben. In der Rue du Frout gibt es keine internationalen Franchiseunternehmen wie in der zentralen Geschäftsmeile der Altstadt Quimpers, der Rue Kéréon, sondern eine Menge charmanter Läden, in deren Schaufenstern man kleine Schätze entdecken kann. Die Galerie de Bretagne in der Nummer 10 stellt Montparnasse-Maler der 1920er-Jahre und Keramik aus, ein Stück weiter in der Nummer 13 werden in einer Polsterwerkstatt aus alten Sesseln wieder mit feinen Stoffen drapierte Schmuckstücke. Lanterne Bleue verkauft Antiquitäten und in der Librairie de Saint-Corentin stehen hinter einer schmucken roten Holzfassade antiquarische Bücher zum Verkauf. Unter dem wunderbaren Namen *Garance aime les vacances* verbirgt sich hinter lindgrüner Fassade ein Geschäft für Kindersachen und allerlei Krimskrams. Einer der originellsten Läden, der Hutmacher aus der Nummer 15, hat leider vor kurzer Zeit dichtgemacht. Die ganze Straße schien vor ein paar Jahren vor dem Ausverkauf zu stehen, aber die Buchhändler, Antiquitätenhändler und Galeristen sahen dem drohenden Niedergang nicht tatenlos zu und schlossen sich in einer Vereinigung zusammen, der *Association Le Faubourg Saint-Corentin,* die sich für das Viertel rund um die Rue du Frout, die Rue Toul-Ar Laër und die Rue de la Mairie engagiert, nun ab und zu auch Straßenfeste veranstaltet. Nach und nach kehrte wieder mehr Leben zurück. Wer genug davon hat, in der Rue du Frout Vitrinen zu lecken, wie die Franzosen das Bummeln entlang der Schaufenster bezeichnen, kann sich im Teehaus De l'autre côté erholen und mit süßen Leckereien verwöhnen lassen oder in die Bar Le Troquet einkehren. Dort treffen sich auch die Ladenbesitzer auf einen *petit café* oder ein Glas Wein. Die Rue du Frout versprüht einfach Charme, genauso wie das ganze wunderbare, an zwei Flüssen gelegene Quimper.

TIPP In der Cidrerie Manoir du Kinkiz kann man Cidre und Lambig, den bretonischen Apfelbrand, verkosten.

Rue du Frout, F-29000 Quimper

Thés
SALLE A L'ETAGE

Bibliografische Informationen der Deutschen Nationalbibliothek
Die Deutsche Nationalbibliothek verzeichnet diese Publikation in der Deutschen Nationalbibliografie; detaillierte bibliografische Daten sind im Internet über http://dnb.d-nb.de abrufbar.

2. Auflage 2021
Konzeption/Satz: Droste Verlag, Düsseldorf
Einbandgestaltung und Illustrationen: Britta Rungwerth, Düsseldorf, unter Verwendung von Bildern von © Fotolia.com: jd - photodesign.de; © iStock: Plociennik Robert
Fotos: Christoph Potting, außer:
Cathédraloscope: S. 127; L'Art dans les Chapelles: S. 161; Office de Tourisme de Belle-Île-en-Mer: S. 11; Office de Tourisme de Concarneau: S. 23; Office de Tourisme de Névez: S. 61; www.stock.adobe.com: S. 81@moonbo, S. 163@jujud3100

FSC www.fsc.org MIX Papier aus verantwortungsvollen Quellen FSC® C011279

Druck und Bindung: LUC GmbH, Greven
ISBN 978-3-7700-2205-2

www.droste-verlag.de